bibliocollège

D1322771

Claude Gueux

Victor Hugo

Notes, questionnaires et dossier Bibliocollège
par **Isabelle de LISLE**,
agrégée de Lettres modernes,
professeur en collège et en lycée

Conception graphique

Couverture : *Audrey Izern*

Intérieur : *ELSE*

Illustration des questionnaires

Harvey Stevenson

Dossier pédagogique : www.hachette-education.com

ISBN : 978-2-01-169485-0

© HACHETTE LIVRE, 2007, 43, quai de Grenelle, 75905 PARIS Cedex 15.
www.hachette-education.com
Tous droits de traduction, de reproduction et d'adaptation réservés pour tous pays.

Sommaire

Introduction

Dans *Les Misérables*, Jean Valjean est un bagnard condamné pour avoir volé alors qu'il avait faim. Les années d'emprisonnement en font un homme dur qui n'a d'autres ressources que de continuer à voler. Mais un homme lui ouvre les yeux en l'accueillant et en le protégeant : monseigneur Myriel. Jean Valjean devient alors un homme juste au service des misérables. Dans son vaste roman paru en 1862, Victor Hugo affirme que les peines sont injustes et qu'elles ne font que pousser les détenus dans la voie du crime. Il milite en faveur d'une réforme du système pénal et d'une réflexion sur les causes de la criminalité.

Quelque trente années auparavant, Victor Hugo s'était déjà engagé en ce sens en publiant *Le Dernier Jour d'un condamné* en 1829, puis *Claude Gueux* en 1834. En 1834, Victor Hugo renonce à la fiction utilisée en 1829 pour toucher son public : il se fait

le rapporteur d'un fait réel et compte par ce récit exemplaire étayer sa thèse.

Claude Gueux est un détenu multirécidiviste qui, condamné pour vol à cinq ans de prison, tue le 4 novembre 1831 monsieur Delacelle, le directeur des ateliers de la prison de Clairvaux pour l'avoir séparé du compagnon qui lui donnait chaque jour la moitié de sa ration alimentaire. Le 16 mars 1832, la cour d'assises de Troyes le condamne à la peine de mort. Son pourvoi en cassation est rejeté et il est exécuté le 8 juin de la même année. À l'occasion de cette exécution, Victor Hugo écrira un plaidoyer adressé aux députés, dans lequel il se moque des lenteurs de la Chambre et de la futilité de leurs débats. Prenant la parole au nom d'un citoyen quelconque, il remet en cause le système judiciaire, demande l'abolition de la peine de mort et milite pour l'instruction et la lutte contre la misère. Ce plaidoyer sera remanié en 1834 et inséré dans la conclusion de *Claude Gueux*.

Mais l'on aurait tort de voir en *Claude Gueux* le simple compte rendu d'un triste fait divers. Victor Hugo réécrit plus qu'il n'écrit l'histoire du détenu au nom prédestiné. Le réel alimente l'architecture toute littéraire de laquelle se détachent, épurées, certaines scènes significatives et certains détails symboliques. Loin de ce que sera plus tard le foisonnant roman des *Misérables*, *Claude Gueux* traite le thème délicat de la justice avec des termes simples et émouvants. On se laisse aisément emporter par ce récit poignant, mais on n'oubliera pas que sa visée argumentative doit être située dans le contexte historique, culturel et scientifique de la monarchie de Juillet. Le récit de *Claude Gueux* marque une étape importante et bouleversante dans notre réflexion sur la peine de mort et soulève notre émotion pour une cause encore d'actualité sur notre planète du XXIe siècle.

La lettre ci-dessous, dont l'original est déposé aux bureaux de la *Revue de Paris*, fait trop d'honneur à son auteur pour que nous ne la reproduisions pas ici. Elle est désormais liée à toutes les réimpressions de *Claude Gueux*.

Dunkerque, le 30 juillet 1834.

Monsieur le directeur de la *Revue de Paris*[1],

Claude Gueux, de Victor Hugo, par vous inséré dans votre livraison du 6 courant[2], est une grande leçon ; aidez-moi, je vous prie, à la faire profiter.

Rendez-moi, je vous prie, le service de faire tircr autant d'exemplaires qu'il y a de députés en France, et de les leur adresser individuellement et bien exactement.

J'ai l'honneur de vous saluer.

Charles Carlier, négociant.

notes

1. ***Revue de Paris* :** revue dans laquelle *Claude Gueux* parut pour la première fois, le 6 juillet 1834.

2. ***6 courant* :** 6 du mois en cours, c'est-à-dire 6 juillet.

**Victor Hugo (1802-1885) en 1829,
lithographie d'Achille Devéria.**

Claude Gueux

Il y a sept ou huit ans, un homme nommé Claude Gueux[1], pauvre ouvrier, vivait à Paris. Il avait avec lui une fille[2] qui était sa maîtresse[3], et un enfant de cette fille. Je dis les choses comme elles sont, laissant le lecteur ramasser les moralités[4]
5   à mesure que les faits les sèment sur leur chemin. L'ouvrier était capable[5], habile[6], intelligent, fort mal traité par l'éducation, fort bien traité par la nature, ne sachant pas lire et sachant penser. Un hiver, l'ouvrage manqua. Pas de feu, ni de pain dans le galetas[7]. L'homme, la fille et l'enfant
10 eurent froid et faim. L'homme vola. Je ne sais ce qu'il vola, je ne sais où il vola. Ce que je sais, c'est que de ce vol il résulta trois jours de pain et de feu pour la femme et pour l'enfant, et cinq ans de prison pour l'homme.

notes

1. Claude Gueux : personnage réel qui naît en 1804 et meurt guillotiné en 1832. Victor Hugo s'inspire d'une histoire vraie. Le mot « gueux » signifie « misérable ».

2. fille : jeune femme non mariée.
3. maîtresse : compagne.
4. moralités : morales, leçons.

5. capable : compétent.
6. habile : adroit.
7. galetas : logement peu confortable sous les toits d'un immeuble.

L'homme fut envoyé faire son temps[1] à la maison centrale
de Clairvaux[2]. Clairvaux, abbaye dont on a fait une bastille[3],
cellule[4] dont on a fait un cabanon[5], autel[6] dont on a fait
un pilori[7]. Quand nous parlons de progrès, c'est ainsi que
certaines gens le comprennent et l'exécutent. Voilà la chose
qu'ils mettent sous notre mot.

Poursuivons :

Arrivé là, on le mit dans un cachot pour la nuit et dans
un atelier[8] pour le jour. Ce n'est pas l'atelier que je blâme[9].

Claude Gueux, honnête ouvrier naguère[10], voleur désormais, était une figure digne et grave[11]. Il avait le front haut,
déjà ridé, quoique jeune encore, quelques cheveux gris
perdus dans les touffes noires, l'œil doux et fort puissamment
enfoncé sous une arcade sourcilière bien modelée, les
narines ouvertes, le menton avancé, la lèvre dédaigneuse[12].
C'était une belle tête. On va voir ce que la société en a fait.

Il avait la parole rare, le geste plus fréquent, quelque chose
d'impérieux[13] dans toute sa personne et qui se faisait obéir,
l'air pensif, sérieux plutôt que souffrant. Il avait pourtant
bien souffert.

notes

1. faire son temps : effectuer sa peine.
2. Clairvaux : ancienne abbaye cistercienne dans l'Aube, transformée en prison en 1808.
3. bastille : prison.
4. cellule : ici, chambre d'un moine dans une abbaye.

5. cabanon : cachot notamment destiné aux fous.
6. autel : table sur laquelle on célèbre la messe.
7. pilori : poteau sur lequel on attachait un prisonnier pour l'exposer au public.
8. atelier : les prisonniers doivent travailler au sein de la prison.

9. blâme : critique.
10. naguère : récemment.
11. grave : sérieuse.
12. dédaigneuse : méprisante, hautaine.
13. impérieux : irrésistiblement autoritaire.

Forçats au bagne. Lithographie du XIXe siècle.

Dans le dépôt[1] où Claude Gueux était enfermé, il y avait
35 un directeur des ateliers, espèce[2] de fonctionnaire propre
aux prisons, qui tient tout ensemble du guichetier[3]
et du marchand, qui fait en même temps une commande
à l'ouvrier et une menace au prisonnier, qui vous met l'outil
aux mains et les fers[4] aux pieds. Celui-là était lui-même une
40 variété dans l'espèce, un homme bref[5], tyrannique, obéis-
sant à ses idées, toujours à courte bride sur son autorité[6] ;
d'ailleurs, dans l'occasion, bon compagnon, bon prince[7],
jovial[8] même et raillant[9] avec grâce ; dur plutôt que ferme ;
ne raisonnant avec personne, pas même avec lui ; bon père,
45 bon mari, sans doute, ce qui est devoir et non vertu[10] ;
en un mot, pas méchant[11], mauvais[12]. C'était un de ces
hommes qui n'ont rien de vibrant ni d'élastique, qui sont
composés de molécules inertes, qui ne résonnent au choc
d'aucune idée, au contact d'aucun sentiment, qui ont des
50 colères glacées, des haines mornes[13], des emportements[14] sans
émotion, qui prennent feu sans s'échauffer, dont la capacité
de calorique[15] est nulle, et qu'on dirait souvent faits de bois ;
ils flambent par un bout et sont froids par l'autre. La ligne
principale, la ligne diagonale du caractère de cet homme,
55 c'était la ténacité[16]. Il était fier d'être tenace[17], et se comparait à Napoléon. Ceci n'est qu'une illusion d'optique.

notes

1. **dépôt :** prison.
2. **espèce :** ici, au sens scientifique (espèce animale, par exemple).
3. **guichetier :** gardien qui passe aux prisonniers leurs repas par une ouverture de la cellule qui ressemble à un guichet.
4. **fers :** lourds anneaux qui entravent les chevilles des prisonniers.

5. **bref :** qui parle peu sur un ton sec et autoritaire.
6. **à courte bride sur son autorité :** laissant peu de liberté, comme tenant un cheval.
7. **bon prince :** généreux.
8. **jovial :** aimant rire.
9. **raillant :** se moquant.
10. **vertu :** qualité morale.

11. **méchant :** qui agit mal.
12. **mauvais :** qui aime nuire à autrui.
13. **mornes :** tristes.
14. **emportements :** colères.
15. **capacité de calorique :** capacité de chaleur, ici d'émotion.
16. **ténacité :** obstination.
17. **tenace :** obstiné.

Il y a nombre de gens qui en sont dupes et qui, à certaine distance, prennent la ténacité pour de la volonté, et une chandelle pour une étoile. Quand cet homme donc avait une fois ajusté ce qu'il appelait sa *volonté* à une chose absurde, il allait tête haute et à travers toute broussaille jusqu'au bout de la chose absurde. L'entêtement sans l'intelligence, c'est la sottise soudée au bout de la bêtise et lui servant de rallonge. Cela va loin. En général, quand une catastrophe privée ou publique s'est écroulée sur nous, si nous examinons, d'après les décombres[1] qui en gisent à terre, de quelle façon elle s'est échafaudée, nous trouvons presque toujours qu'elle a été aveuglément construite par un homme médiocre et obstiné qui avait foi en lui et qui s'admirait. Il y a par le monde beaucoup de ces petites fatalités[2] têtues qui se croient des providences[3].

Voilà donc ce que c'était que le directeur des ateliers de la prison centrale de Clairvaux. Voilà de quoi était fait le briquet[4] avec lequel la société frappait chaque jour sur les prisonniers pour en tirer des étincelles.

L'étincelle que de pareils briquets arrachent à de pareils cailloux allume souvent des incendies.

Nous avons dit qu'une fois arrivé à Clairvaux, Claude Gueux fut numéroté dans un atelier et rivé[5] à une besogne. Le directeur de l'atelier fit connaissance avec lui, le reconnut bon ouvrier, et le traita bien. Il paraît même qu'un jour, étant de bonne humeur, et voyant Claude Gueux fort triste, car cet homme pensait toujours à celle qu'il appelait

---

notes

1. **décombres :** ruines.
2. **fatalités :** circonstances qui s'enchaînent selon un destin qui mène à la mort.

3. **providences :** enchaînement de circonstances selon le choix d'un dieu bienveillant.

4. **briquet :** pièce d'acier dont on se servait pour allumer un feu à partir d'un caillou.
5. **rivé :** solidement attaché.

sa *femme*, il lui conta, par manière de jovialité[1] et de passe-
temps, et aussi pour le consoler, que cette malheureuse
s'était faite fille publique[2]. Claude demanda froidement
ce qu'était devenu l'enfant. On ne savait.

Au bout de quelques mois, Claude s'acclimata[3] à l'air
de la prison, et parut ne plus songer à rien. Une certaine
sérénité sévère[4], propre à son caractère, avait repris le dessus.

Au bout du même espace de temps à peu près, Claude
avait acquis un ascendant[5] singulier[6] sur tous ses compagnons. Comme par une sorte de convention tacite[7], et sans
que personne sût pourquoi, pas même lui, tous ces hommes
le consultaient, l'écoutaient, l'admiraient et l'imitaient,
ce qui est le dernier degré ascendant de l'admiration.
Ce n'était pas une médiocre gloire d'être obéi par toutes ces
natures désobéissantes. Cet empire[8] lui était venu sans qu'il
y songeât. Cela tenait au regard qu'il avait dans les yeux.
L'œil d'un homme est une fenêtre par laquelle on voit les
pensées qui vont et viennent dans sa tête.

Mettez un homme qui contient des idées parmi des
hommes qui n'en contiennent pas, au bout d'un temps
donné, et par une loi d'attraction[9] irrésistible, tous les
cerveaux ténébreux graviteront humblement et avec adora-
tion autour du cerveau rayonnant. Il y a des hommes qui
sont fer et des hommes qui sont aimant[10]. Claude était
aimant.

En moins de trois mois donc, Claude était devenu l'âme,
la loi et l'ordre de l'atelier. Toutes ces aiguilles tournaient

notes

1. **jovialité :** gaieté.
2. **fille publique :** prostituée.
3. **s'acclimata :** s'habitua.
4. **sévère :** austère, grave.
5. **ascendant :** autorité naturelle, influence.
6. **singulier :** particulier, étonnant.
7. **convention tacite :** accord sous-entendu.
8. **empire :** pouvoir.
9. **loi d'attraction :** allusion à la loi d'attraction terrestre.
10. **aimant :** élément qui exerce une force d'attraction magnétique.

sur son cadran. Il devait douter lui-même par moments s'il était roi ou prisonnier. C'était une sorte de pape[1] captif avec ses cardinaux[2].

Et, par une réaction toute naturelle, dont l'effet s'accomplit sur toutes les échelles, aimé des prisonniers, il était détesté des geôliers[3]. Cela est toujours ainsi. La popularité ne va jamais sans la défaveur. L'amour des esclaves est toujours doublé de la haine des maîtres.

Claude Gueux était grand mangeur. C'était une des particularités de son organisation[4]. Il avait l'estomac fait de telle sorte que la nourriture de deux hommes ordinaires suffisait à peine à sa journée. Monsieur de Cotadilla[5] avait un de ces appétits-là, et en riait ; mais ce qui est une occasion de gaieté pour un duc, grand d'Espagne, qui a cinq cent mille moutons est une charge pour un ouvrier et un malheur pour un prisonnier.

Claude Gueux, libre dans son grenier, travaillait tout le jour, gagnait son pain de quatre livres[6] et le mangeait. Claude Gueux, en prison, travaillait tout le jour et recevait invariablement pour sa peine une livre et demie de pain et quatre onces[7] de viande. La ration est inexorable[8]. Claude avait donc habituellement faim dans la prison de Clairvaux.

Il avait faim, et c'était tout. Il n'en parlait pas. C'était sa nature ainsi.

notes

1. **pape :** chef de l'Église catholique.
2. **cardinaux :** prêtres de haut rang dans la hiérarchie de l'Église catholique. Ce sont eux qui élisent le pape.
3. **geôliers :** gardiens de prison.
4. **organisation :** constitution physique, organisme.
5. **Monsieur de Cotadilla :** commandant de l'escorte qui accompagna à Madrid la mère de Victor Hugo lorsqu'elle rejoignit son mari en 1811.
6. **quatre livres :** environ deux kilos ; la livre vaut environ 500 grammes.
7. **quatre onces :** environ 100 grammes.
8. **inexorable :** immuable.

Au fil du texte

AVEZ-VOUS BIEN LU ?

1. Quels sont les deux lieux évoqués ?

2. Quels sont les deux personnages dont la présentation est développée ?

3. Pourquoi Claude Gueux est-il condamné à une peine de prison ?

4. À quels personnages se rapportent les expressions suivantes ?

a) « l'œil doux et fort puissamment enfoncé sous une arcade sourcilière bien modelée » ;

b) « il était fier d'être tenace, et se comparait à Napoléon » ;

c) « dans l'occasion, bon compagnon, bon prince, jovial » ;

d) « une certaine sérénité sévère » ;

e) « l'âme, la loi et l'ordre de l'atelier ;

f) « grand mangeur ».

Claude Gueux : ....

Le directeur des ateliers : ....

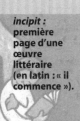

incipit :
première
page d'une
œuvre
littéraire
(en latin : « il
commence »).

ÉTUDIER UN INCIPIT*

5. Quelles informations la première phrase du récit apporte-t-elle ?

6. Dégagez le plan de l'incipit en deux parties, la seconde pouvant s'intituler « Claude Gueux à Clairvaux ». Quel titre peut-on proposer pour la première partie ?

7. Dans le passage « *Un hiver* » à « *pour l'homme* »
(l. 8 à 13), à quel type★ appartient chaque phrase ?

8. Quel type de phrase domine dans le passage
délimité à la question 7 ? Quel est l'effet produit ?

9. Pourquoi Victor Hugo choisit-il de détailler
le portrait de deux personnages ? Vous pouvez vous
appuyer sur votre connaissance de l'œuvre intégrale
ou bien émettre des hypothèses de lecture.

ÉTUDIER LA PRÉSENCE DE L'AUTEUR DANS LE DISCOURS ARGUMENTATIF★

10. Relevez les passages où figure la première
personne du singulier et du pluriel. Quel est l'effet
produit ?

11. À deux reprises, Victor Hugo évoque le lecteur.
Quels sont ces passages et quelle fonction ont-ils ?

12. Relevez les verbes au présent et classez-les selon
leur valeur. Quels rôles ces présents jouent-ils dans
le texte ?

13. Quelles sont les valeurs des pronoms « *on* »
employés dans le passage ?

ANALYSER UNE VISION DE L'HOMME ET DU MONDE

14. Quels sont les termes péjoratifs★ employés par
Victor Hugo pour désigner ou qualifier le directeur
des ateliers dans le passage suivant : « *Dans le dépôt*
[...] *se croient des providences* » (l. 34 à 71) ?

15. Quels sont les termes mélioratifs* employés dans le même passage ? Comment Victor Hugo procède-t-il pour réduire leur portée ?

16. En quoi peut-on dire que le directeur des ateliers est pour Victor Hugo le représentant d'un type d'individus ?

17. Quel est le sens de la phrase suivante : « *Il y a des hommes qui sont fer et des hommes qui sont aimant* » (l. 106-107) ?

18. Quelles expressions font de Claude Gueux une victime de la société ?

LIRE L'IMAGE

19. À quoi voit-on que les deux personnages représentés sur la gravure de la page 11 sont des forçats ?

20. Comment l'illustrateur a-t-il exprimé la condition misérable des deux hommes ?

À VOS PLUMES !

21. « *L'homme vola. Je ne sais ce qu'il vola, je ne sais où il vola* » (l. 10-11). Faites le récit du délit pour lequel Claude Gueux est condamné à une peine de cinq ans de prison.

22. Faites le portrait de la petite fille de Claude Gueux après qu'elle a appris la condamnation de son père. En vous inspirant de l'incipit du récit, vous rédigerez un portrait qui sera aussi un discours argumentatif et vous aurez recours à la première personne (singulier ou pluriel) et à des apostrophes au lecteur.

termes mélioratifs : qui présentent un personnage ou une idée sous un jour favorable.

discours argumentatif : parole ou texte qui vise, en recourant à des arguments et à des procédés, à transmettre une opinion à un destinataire défini.

termes péjoratifs : qui présentent un personnage ou une idée sous un jour défavorable.

135   Un jour, Claude venait de dévorer sa maigre[1] pitance[2], et s'était remis à son métier, croyant tromper la faim par le travail. Les autres prisonniers mangeaient joyeusement. Un jeune homme, pâle, blanc, faible, vint se placer près de lui. Il tenait à la main sa ration, à laquelle il n'avait pas

140 encore touché, et un couteau. Il restait là debout près de Claude, ayant l'air de vouloir parler et de ne pas oser. Cet homme, et son pain, et sa viande importunaient[3] Claude.

    – Que veux-tu ? dit-il enfin brusquement.

    – Que tu me rendes un service, dit timidement le jeune

145 homme.

    – Quoi ? reprit Claude.

    – Que tu m'aides à manger cela. J'en ai trop.

    Une larme roula dans l'œil hautain[4] de Claude. Il prit le couteau, partagea la ration du jeune homme en deux parts

150 égales, en prit une, et se mit à manger.

    – Merci, dit le jeune homme. Si tu veux, nous partagerons comme cela tous les jours.

    – Comment t'appelles-tu ? dit Claude Gueux.

    – Albin[5].

155   – Pourquoi es-tu ici ? reprit Claude.

    – J'ai volé.

    – Et moi aussi, dit Claude.

    Ils partagèrent en effet de la sorte tous les jours. Claude Gueux avait trente-six ans, et par moments il en paraissait

160 cinquante, tant sa pensée habituelle était sévère. Albin avait vingt ans, on lui en eût donné dix-sept, tant il y avait encore

---

notes

1. **maigre :** ici, peu abondante.
2. **pitance :** repas de mauvaise qualité.
3. **importunaient :** dérangeaient, gênaient.
4. **hautain :** supérieur, méprisant.
5. **Albin :** en latin, *albus* signifie « blanc ».

d'innocence dans le regard de ce voleur. Une étroite amitié se noua entre ces deux hommes, amitié de père à fils plutôt que de frère à frère. Albin était encore presque un enfant ; Claude était déjà presqu'un vieillard.

Ils travaillaient dans le même atelier, ils couchaient sous la même clef de voûte[1], ils se promenaient dans le même préau, ils mordaient au même pain. Chacun des deux amis était l'univers pour l'autre. Il paraît qu'ils étaient heureux.

Nous avons déjà parlé du directeur des ateliers. Cet homme, haï des prisonniers, était souvent obligé, pour se faire obéir d'eux, d'avoir recours à Claude Gueux qui en était aimé. Dans plus d'une occasion, lorsqu'il s'était agi d'empêcher une rébellion[2] ou un tumulte[3], l'autorité sans titre de Claude Gueux avait prêté main-forte à l'autorité officielle du directeur. En effet, pour contenir les prisonniers, dix paroles de Claude valaient dix gendarmes. Claude avait maintes fois[4] rendu ce service au directeur. Aussi le directeur le détestait-il cordialement[5]. Il était jaloux de ce voleur. Il avait au fond du cœur une haine secrète, envieuse, implacable[6] contre Claude, une haine de souverain de droit[7] à souverain de fait[8], de pouvoir temporel[9] à pouvoir spirituel[10].

Ces haines-là sont les pires.

notes

1. **clef de voûte :** pierre sur laquelle repose la stabilité de la voûte dans les monuments gothiques.
2. **rébellion :** révolte.
3. **tumulte :** agitation.
4. **maintes fois :** de nombreuses fois.

5. **cordialement :** du fond du cœur, profondément.
6. **implacable :** sans pitié.
7. **souverain de droit :** monarque qui détient légalement le pouvoir.
8. **souverain de fait :** monarque qui exerce en réalité le pouvoir.

9. **pouvoir temporel :** pouvoir politique d'un homme.
10. **pouvoir spirituel :** pouvoir religieux, par exemple celui du pape.

La vie en prison : un atelier de sparterie au XIXᵉ siècle.

**Dortoir de prisonniers au pénitencier de Cayenne en Guyane.
Photographie de Gachet, vers 1900.**

185 Claude aimait beaucoup Albin et ne songeait pas au directeur.

Un jour, un matin, au moment où les porte-clefs[1] transvasaient les prisonniers deux à deux du dortoir dans l'atelier, un guichetier appela Albin qui était à côté de Claude,
190 et le prévint que le directeur le demandait.

– Que te veut-on ? dit Claude.

– Je ne sais pas, dit Albin.

Le guichetier emmena Albin.

La matinée se passa, Albin ne revint pas à l'atelier. Quand
195 arriva l'heure du repas, Claude pensa qu'il retrouverait Albin au préau. Albin n'était pas au préau. On rentra dans l'atelier, Albin ne reparut pas dans l'atelier. La journée s'écoula ainsi. Le soir, quand on ramena les prisonniers dans leur dortoir, Claude y chercha des yeux Albin, et ne le vit
200 pas. Il paraît qu'il souffrait beaucoup dans ce moment-là, car il adressa la parole à un guichetier, ce qu'il ne faisait jamais :

– Est-ce qu'Albin est malade ? dit-il.

– Non, répondit le guichetier.

– D'où vient donc, reprit Claude, qu'il n'a pas reparu
205 aujourd'hui ?

– Ah ! dit négligemment[2] le porte-clefs, c'est qu'on l'a changé de quartier.

Les témoins qui ont déposé[3] de ces faits plus tard remarquèrent qu'à cette réponse du guichetier la main de Claude,
210 qui portait une chandelle allumée, trembla légèrement. Il reprit avec calme :

– Qui a donné cet ordre-là ?

notes

1. **porte-clefs :** gardiens qui détiennent les clés.

2. **négligemment :** sans attacher d'importance.

3. **déposé :** prononcé leur témoignage lors du procès.

Le guichetier répondit :

– M. D.[1].

215 Le directeur des ateliers s'appelait M. D.

La journée du lendemain se passa comme la journée précédente, sans Albin.

Le soir, à l'heure de la clôture des travaux, le directeur, M. D., vint faire sa ronde habituelle dans l'atelier. Du plus
220 loin que Claude le vit, il ôta son bonnet de grosse laine, il boutonna sa veste grise, triste livrée[2] de Clairvaux, car il est de principe dans les prisons qu'une veste respectueusement boutonnée prévient[3] favorablement les supérieurs, et il se tint debout et son bonnet à la main à l'entrée de son
225 banc, attendant le passage du directeur. Le directeur passa.

– Monsieur ! dit Claude.

Le directeur s'arrêta et se détourna à demi.

– Monsieur, reprit Claude, est-ce que c'est vrai qu'on a changé Albin de quartier ?

230 – Oui, répondit le directeur.

– Monsieur, poursuivit Claude, j'ai besoin d'Albin pour vivre.

Il ajouta :

– Vous savez que je n'ai pas assez de quoi manger avec
235 la ration de la maison, et qu'Albin partageait son pain avec moi.

– C'était son affaire, dit le directeur.

– Monsieur, est-ce qu'il n'y aurait pas moyen de faire remettre Albin dans le même quartier que moi ?

240 – Impossible. Il y a décision prise.

notes

1. **M. D. :** M. Delacelle, le gardien-chef assassiné par Claude Gueux en 1831.

2. **livrée :** tenue des domestiques rattachés à une maison.

3. **prévient :** dispose.

— Par qui ?

— Par moi.

— Monsieur D., reprit Claude, c'est la vie ou la mort pour moi, et cela dépend de vous.

245 — Je ne reviens jamais sur mes décisions.

— Monsieur, est-ce que je vous ai fait quelque chose ?

— Rien.

— En ce cas, dit Claude, pourquoi me séparez-vous d'Albin ?

250 — Parce que, dit le directeur.

Cette explication donnée, le directeur passa outre[1].

Claude baissa la tête et ne répliqua pas. Pauvre lion en cage à qui l'on ôtait son chien.

Nous sommes forcé de dire que le chagrin de cette 255 séparation n'altéra[2] en rien la voracité[3] en quelque sorte maladive du prisonnier. Rien d'ailleurs ne parut sensiblement changé en lui. Il ne parlait d'Albin à aucun de ses camarades. Il se promenait seul dans le préau aux heures de récréation, et il avait faim. Rien de plus.

260 Cependant ceux qui le connaissaient bien remarquaient quelque chose de sinistre[4] et de sombre qui s'épaississait chaque jour de plus en plus sur son visage. Du reste, il était plus doux que jamais.

Plusieurs voulurent partager leur ration avec lui, il refusa 265 en souriant.

Tous les soirs, depuis l'explication que lui avait donnée le directeur, il faisait une espèce de chose folle qui étonnait de la part d'un homme aussi sérieux. Au moment où le directeur, ramené à heure fixe par sa tournée habi-

notes

1. *passa outre :* ici, poursuivit son chemin.

2. *altéra :* transforma.
3. *voracité :* grand appétit.

4. *sinistre :* inquiétant, menaçant.

**La vie en prison. Lithographie extraite
du journal *La Caricature* du 30 août 1832.**

270 tuelle, passait devant le métier[1] de Claude, Claude levait les
yeux et le regardait fixement, puis il lui adressait d'un ton
plein d'angoisse et de colère, qui tenait à la fois de la prière
et de la menace, ces deux mots seulement : *Et Albin ?*
Le directeur faisait semblant de ne pas entendre ou s'éloi-
275 gnait en haussant les épaules.

Cet homme avait tort de hausser les épaules, car il était
évident pour tous les spectateurs de ces scènes étranges que
Claude Gueux était intérieurement déterminé à quelque

note

1. *métier* : métier à tisser.

chose. Toute la prison attendait avec anxiété[1] quel serait
le résultat de cette lutte entre une ténacité et une résolution[2].

Il a été constaté qu'une fois entre autres, Claude Gueux dit
au directeur :

– Écoutez, Monsieur, rendez-moi mon camarade. Vous
ferez bien, je vous assure. Remarquez que je vous dis cela.

Une autre fois, un dimanche, comme il se tenait dans
le préau, assis sur une pierre, les coudes sur les genoux et son
front dans ses mains, immobile depuis plusieurs heures dans
la même attitude, le condamné Faillette s'approcha de lui,
et lui cria en riant :

– Que diable fais-tu donc là, Claude ?

Claude leva lentement sa tête sévère, et dit :

– *Je juge quelqu'un.*

Un soir enfin, le 25 octobre 1831, au moment où le directeur faisait sa ronde, Claude brisa sous son pied avec bruit
un verre de montre qu'il avait trouvé le matin dans un corridor[3]. Le directeur demanda d'où venait ce bruit.

– Ce n'est rien, dit Claude, c'est moi. Monsieur le directeur, rendez-moi mon camarade.

– Impossible, dit le maître.

– Il le faut pourtant, dit Claude d'une voix basse et ferme,
et regardant le directeur en face, il ajouta : Réfléchissez.
Nous sommes aujourd'hui le 25 octobre. Je vous donne
jusqu'au 4 novembre.

Un guichetier fit remarquer à M. D. que Claude le menaçait et que c'était un cas de cachot[4].

notes

1. *anxiété :* angoisse.
2. *résolution :* décision.
3. *corridor :* couloir.
4. *cachot :* cellule
d'isolement.

– Non, point de cachot, dit le directeur avec un sourire dédaigneux[1], il faut être bon avec ces gens-là !

**Guichet, verrou et serrure d'une porte de cellule de prisonnier.
Gravure sur bois du XIXe siècle.**

Le lendemain, le condamné Pernot aborda Claude, qui se promenait seul et pensif, laissant les autres prisonniers s'ébattre dans un petit carré de soleil à l'autre bout de la cour.

310

note

1. dédaigneux : méprisant.

– Hé bien ! Claude, à quoi songes-tu ? tu parais triste.

– *Je crains*, dit Claude, *qu'il n'arrive bientôt quelque malheur*
315 *à ce bon M. D.*

Il y a neuf jours pleins du 25 octobre au 4 novembre. Claude n'en laissa pas passer un sans avertir gravement le directeur de l'état de plus en plus douloureux où le mettait la disparition d'Albin. Le directeur fatigué lui
320 infligea une fois vingt-quatre heures de cachot, parce que la prière ressemblait trop à une sommation[1]. Voilà tout ce que Claude obtint.

note

1. sommation : ordre, menace.

Au fil du texte

AVEZ-VOUS BIEN LU ?

1. Parmi les propositions suivantes, indiquez celles qui sont exactes.

a) Claude Gueux a 36 ans.

b) Albin a 17 ans.

c) Albin est en prison pour meurtre.

d) Albin propose à Claude Gueux de partager son repas.

e) Claude Gueux a rendu service au directeur des ateliers à plusieurs reprises.

f) Le directeur des ateliers se montre reconnaissant envers Claude Gueux.

g) Un matin, le guichetier vient annoncer à Claude Gueux qu'Albin a changé de quartier.

h) Claude Gueux demande au directeur de lui rendre Albin.

i) Le directeur explique à Claude Gueux la raison pour laquelle il l'a séparé d'Albin.

j) Claude Gueux finit par dire au directeur qu'il le tuera le 4 novembre.

Réponses exactes :
....

ÉTUDIER LE TRAITEMENT DU TEMPS

2. Relevez les indicateurs de temps et classez-les selon qu'ils expriment une durée ou un moment précis.

3. En vous appuyant notamment sur le relevé précédent, délimitez les différentes scènes.

4. Quel est le temps dominant dans les passages introduits par un indicateur de durée ? Justifiez cet emploi.

5. Quel est l'effet produit par l'alternance des scènes et des passages duratifs★ ?

duratifs :
qui expriment une durée.

propositions incises :
propositions constituées d'un verbe de parole et de son sujet inversé ; elles s'insèrent dans une réplique pour l'introduire.

ÉTUDIER L'INSERTION DU DIALOGUE

6. Relevez les différentes propositions incises★. De quels éléments sont-elles composées ?

7. Parmi les verbes de parole relevés pour la question précédente, quel est le plus fréquent ? Quel est l'effet produit ?

8. Quel est le point commun entre les autres verbes introducteurs ?

9. À quels autres moyens Victor Hugo a-t-il recours pour insérer le dialogue dans le récit ?

ÉTUDIER UN PERSONNAGE

10. Par quels procédés Victor Hugo exprime-t-il
l'amitié qui unit Claude Gueux et Albin
(l. 158 à 169) ?

11. Comment voit-on, dans la suite du récit,
que Claude Gueux reste très attaché à Albin ?

12. De quelle manière s'exprime la violence
de Claude Gueux ?

ÉTUDIER UNE SCÈNE
ET SES PROLONGEMENTS
(L. 135 À 169)

13. Quelle est la valeur de l'imparfait dans
le premier paragraphe ?

14. En quoi les deux personnages principaux
se détachent-ils des autres prisonniers ?

15. En quoi Claude Gueux et Albin diffèrent-ils ?

16. Quelle phrase, dans le dernier paragraphe, donne
une impression d'objectivité de la part de l'auteur ?
Victor Hugo est-il objectif dans ce récit ?

LIRE L'IMAGE

17. Qu'ont de commun les deux photographies
de la page 21 ? Que nous apprennent-elles sur la vie
en prison ?

18. Sur la gravure de la page 25, quel est l'effet
produit par la présence de personnages distincts
au premier plan et d'ombres en arrière-plan ?

19. Quel personnage de la gravure de la page 25 pourrait représenter Claude Gueux après le départ d'Albin ?

À VOS PLUMES !

20. « *Dans plus d'une occasion, lorsqu'il s'était agi d'empêcher une rébellion ou un tumulte, l'autorité sans titre de Claude Gueux avait prêté main-forte à l'autorité officielle du directeur* » (l. 173 à 176). En alternant récit et dialogue, imaginez une des scènes évoquées par Victor Hugo.

21. Imaginez la vie d'Albin dans le quartier où il a été transféré. Vous raconterez d'abord une scène, puis vous évoquerez ses prolongements.

Le 4 novembre arriva. Ce jour-là, Claude s'éveilla avec un visage serein[1] qu'on ne lui avait pas encore vu depuis le jour où la décision de M. D. l'avait séparé de son ami. En se levant, il fouilla dans une espèce de caisse de bois blanc qui était au pied de son lit et qui contenait ses quelques guenilles[2]. Il en tira une paire de ciseaux de couturière. C'était, avec un volume dépareillé[3] de l'*Émile*[4], la seule chose qui lui restât de la femme qu'il avait aimée, de la mère de son enfant, de son heureux petit ménage d'autrefois. Deux meubles[5] bien inutiles pour Claude ; les ciseaux ne pouvaient servir qu'à une femme, le livre qu'à un lettré. Claude ne savait ni coudre ni lire.

Au moment où il traversait le vieux cloître[6] déshonoré[7] et blanchi à la chaux qui sert de promenoir d'hiver, il s'approcha du condamné Ferrari, qui regardait avec attention les énormes barreaux d'une croisée[8]. Claude tenait à la main la petite paire de ciseaux, il la montra à Ferrari en disant : Ce soir je couperai ces barreaux-ci avec ces ciseaux-là.

Ferrari, incrédule[9], se mit à rire, et Claude aussi.

Ce matin-là, il travailla avec plus d'ardeur[10] qu'à l'ordinaire ; jamais il n'avait fait si vite et si bien. Il parut attacher un certain prix à terminer dans la matinée un chapeau de paille que lui avait payé d'avance un honnête bourgeois de Troyes, M. Bressier.

notes

1. **serein :** tranquille, apaisé.
2. **guenilles :** vieux vêtements.
3. **dépareillé :** unique, ici, auquel il manque l'autre tome.
4. **Émile :** *Émile ou de l'Éducation*, œuvre

de Jean-Jacques Rousseau (1762).
5. **meubles :** ici, objets.
6. **cloître :** lieu de prière des moines.
7. **déshonoré :** littéralement, qui a perdu son honneur. Clairvaux est

une abbaye transformée en prison.
8. **croisée :** fenêtre.
9. **incrédule :** ici, qui ne croit pas ce qu'on vient de lui dire.
10. **ardeur :** énergie.

Un peu avant midi, il descendit sous un prétexte à l'atelier des menuisiers situé au rez-de-chaussée, au-dessous
350   de l'étage où il travaillait. Claude était aimé là comme
ailleurs, mais il y entrait rarement. Aussi :

– Tiens ! voilà Claude !

On l'entoura. Ce fut une fête. Claude jeta un coup d'œil
rapide dans la salle. Pas un des surveillants n'y était.

355   – Qui est-ce qui a une hache à me prêter, dit-il !

– Pour quoi faire ? lui demanda-t-on.

Il répondit :

– C'est pour tuer ce soir le directeur des ateliers.

On lui présenta plusieurs haches à choisir. Il prit la plus
360   petite qui était fort tranchante, la cacha dans son pantalon,
et sortit. Il y avait là vingt-sept prisonniers. Il ne leur avait
pas recommandé le secret. Tous le gardèrent.

Ils ne causèrent même pas de la chose entre eux.

Chacun attendit de son côté ce qui arriverait. L'affaire était
365   terrible, droite et simple. Pas de complication possible.
Claude ne pouvait être ni conseillé, ni dénoncé.

Une heure après, il aborda un jeune condamné dè seize
ans qui bâillait[1] dans le promenoir, et lui conseilla
d'apprendre à lire. En ce moment, le détenu Faillette accosta
370   Claude, et lui demanda ce que diable il cachait là dans son
pantalon. Claude dit :

– C'est une hache pour tuer M. D. ce soir.

Il ajouta :

– Est-ce que cela se voit ?

375   – Un peu, dit Faillette.

Le reste de la journée fut à l'ordinaire. À sept heures
du soir, on renferma les prisonniers, chaque section dans

note

1. bâillait : s'ennuyait.

**Forge à l'intérieur d'un bagne.
Gravure sur bois du XIXᵉ siècle.**

l'atelier qui lui était assigné ; et les surveillants sortirent des salles de travail, comme il paraît que c'est l'habitude, pour
380 ne rentrer qu'après la ronde du directeur.

Claude Gueux fut donc verrouillé[1] comme les autres dans son atelier avec ses compagnons de métier.

Alors il se passa dans cet atelier une scène extraordinaire, une scène qui n'est ni sans majesté ni sans terreur, la seule
385 de ce genre qu'aucune histoire puisse raconter.

Il y avait là, ainsi que l'a constaté l'instruction judiciaire[2] qui a eu lieu depuis, quatre-vingt-deux voleurs, y compris Claude.

Une fois que les surveillants les eurent laissés seuls, Claude
390 se leva debout sur son banc, et annonça à toute la chambrée qu'il avait quelque chose à dire. On fit silence.

Alors Claude haussa la voix et dit :

– Vous savez tous qu'Albin était mon frère. Je n'ai pas assez de ce qu'on me donne ici pour manger. Même
395 en n'achetant que du pain avec le peu que je gagne, cela ne suffirait pas. Albin partageait sa ration avec moi, je l'ai aimé d'abord parce qu'il m'a nourri, ensuite parce qu'il m'a aimé. Le directeur, M. D., nous a séparés, cela ne lui faisait rien que nous fussions[3] ensemble ; mais c'est un méchant
400 homme qui jouit de tourmenter. Je lui ai redemandé Albin. Vous avez vu ? il n'a pas voulu. Je lui ai donné jusqu'au 4 novembre pour me rendre Albin. Il m'a fait mettre au cachot pour avoir dit cela. Moi, pendant ce temps-là, je l'ai jugé et je l'ai condamné à mort, nous sommes
405 au 4 novembre. Il viendra dans deux heures faire sa tournée.

---

notes

1. verrouillé : enfermé à verrou.

2. instruction judiciaire : enquête qui précède et prépare le procès.

3. fussions : imparfait du subjonctif du verbe « être ».

Je vous préviens que je vais le tuer. Avez-vous quelque chose à dire à cela ?

Tous gardèrent le silence.

Claude reprit. Il parla, à ce qu'il paraît, avec une éloquence[1] singulière qui d'ailleurs lui était naturelle. Il déclara qu'il savait bien qu'il allait faire une action violente, mais qu'il ne croyait pas avoir tort. Il attesta[2] la conscience des quatre-vingt-un voleurs qui l'écoutaient. Qu'il était dans une rude extrémité[3]. Que la nécessité de se faire justice soi-même était un cul-de-sac où l'on se trouvait engagé quelquefois. Qu'à la vérité il ne pouvait prendre la vie du directeur sans donner la sienne propre, mais qu'il trouvait bon de donner sa vie pour une chose juste. Qu'il avait mûrement réfléchi, et à cela seulement, depuis deux mois. Qu'il croyait bien ne pas se laisser entraîner par le ressentiment[4], mais que, dans le cas que cela serait, il suppliait qu'on l'en avertît. Qu'il soumettait honnê-tement ses raisons aux hommes justes qui l'écoutaient. Qu'il allait donc tuer M. D., mais que si quelqu'un avait une objection à lui faire il était prêt à l'écouter.

Une voix seulement s'éleva et dit qu'avant de tuer le directeur, Claude devait essayer une dernière fois de lui parler et de le fléchir[5].

– C'est juste, dit Claude, et je le ferai.

Huit heures sonnèrent à la grande horloge. Le directeur devait venir à neuf heures.

notes

1. **éloquence** : art de bien parler.
2. **attesta** : prit à témoin.
3. **rude extrémité** : poussé à bout, dans une situation extrême.
4. **ressentiment** : colère, esprit de vengeance.
5. **fléchir** : amener à modifier sa position.

Dortoir de forçats dans un pénitencier de Guyane au XIXᵉ siècle.

Une fois que cette étrange Cour de cassation[1] eut en quelque sorte ratifié[2] la sentence[3] qu'il avait portée, Claude reprit toute sa sérénité. Il mit sur une table tout
435   ce qu'il possédait en linge et en vêtements, la pauvre dépouille du prisonnier, et, appelant l'un après l'autre ceux de ses compagnons qu'il aimait le plus après Albin, il leur distribua tout. Il ne garda que la petite paire de ciseaux.

Puis il les embrassa tous. Quelques-uns pleuraient,
440   il souriait à ceux-là.

Il y eut dans cette heure dernière des instants où il causa avec tant de tranquillité et même de gaieté, que plusieurs de ses camarades espéraient intérieurement, comme ils l'ont déclaré depuis, qu'il abandonnerait peut-être sa résolution.
445   Il s'amusa même une fois à éteindre une des rares chandelles qui éclairaient l'atelier avec le souffle de sa narine, car il avait de mauvaises habitudes d'éducation qui dérangeaient sa dignité naturelle plus souvent qu'il n'aurait fallu. Rien ne pouvait faire que cet ancien gamin de rues n'eût point par
450   moments l'odeur du ruisseau[4] de Paris.

Il aperçut un jeune condamné qui était pâle, qui le regardait avec des yeux fixes, et qui tremblait, sans doute de l'attente de ce qu'il allait voir.

— Allons, du courage, jeune homme ! lui dit Claude
455   doucement, ce ne sera que l'affaire d'un instant.

Quand il eut distribué toutes ses hardes[5], fait tous ses adieux, serré toutes les mains, il interrompit quelques causeries inquiètes qui se faisaient çà et là dans les coins obscurs

notes

1. **Cour de cassation :** juridiction la plus élevée ; elle peut « casser » la décision d'une autre juridiction.

2. **ratifié :** validé.
3. **sentence :** décision du tribunal.
4. **ruisseau :** caniveau, le sens figuré renvoie

aux origines populaires et misérables du personnage.
5. **hardes :** vieux vêtements.

460 de l'atelier, et il commanda qu'on se remît au travail. Tous obéirent en silence.

L'atelier où ceci se passait était une salle oblongue[1], un long parallélogramme percé de fenêtres sur ses deux grands côtés, et de deux portes qui se regardaient à ses deux extrémités. Les métiers étaient rangés de chaque côté près
465 des fenêtres, les bancs touchant le mur à angle droit, et l'espace resté libre entre les deux rangées de métiers formait une espèce de longue voie qui allait en ligne droite de l'une des portes à l'autre et traversait ainsi toute la salle. C'était cette longue voie, assez étroite, que le directeur avait
470 à parcourir en faisant son inspection ; il devait entrer par la porte sud et ressortir par la porte nord, après avoir regardé les travailleurs à droite et à gauche. D'ordinaire il faisait ce trajet assez rapidement et sans s'arrêter.

Claude s'était replacé lui-même à son banc et il s'était
475 remis au travail, comme Jacques Clément[2] se fût remis à la prière.

Tous attendaient. Le moment approchait. Tout à coup on entendit un coup de cloche. Claude dit : C'est l'avant-quart[3]. Alors il se leva, traversa gravement une partie
480 de la salle, et alla s'accouder sur l'angle du premier métier à gauche, tout à côté de la porte d'entrée. Son visage était parfaitement calme et bienveillant.

Neuf heures sonnèrent. La porte s'ouvrit. Le directeur entra.

485 En ce moment-là, il se fit dans l'atelier un silence de statues.

---

notes

1. oblongue :
de forme allongée.
2. Jacques Clément : moine
dominicain qui assassina

Henri III en 1589 (période
des guerres de Religion).
3. avant-quart : moins
le quart.

Le directeur était seul comme d'habitude.

Il entra avec sa figure joviale, satisfaite et inexorable[1], ne vit pas Claude qui était debout à gauche de la porte, la main droite cachée dans son pantalon, et passa rapidement devant les premiers métiers, hochant la tête, mâchant ses paroles, et jetant çà et là son regard banal, sans s'apercevoir que tous les yeux qui l'entouraient étaient fixés sur une idée terrible.

Tout à coup il se détourna brusquement, surpris d'entendre un pas derrière lui.

C'était Claude qui le suivait en silence depuis quelques instants.

— Que fais-tu là, toi ? dit le directeur ; pourquoi n'es-tu pas à ta place ?

Car un homme n'est plus un homme là, c'est un chien, on le tutoie.

Claude Gueux répondit respectueusement :

— C'est que j'ai à vous parler, Monsieur le directeur.

— De quoi ?

— D'Albin.

— Encore ! dit le directeur.

— Toujours ! dit Claude.

— Ah çà, reprit le directeur continuant de marcher, tu n'as donc pas eu assez de vingt-quatre heures de cachot ?

Claude répondit en continuant de le suivre :

— Monsieur le directeur, rendez-moi mon camarade.

— Impossible.

— Monsieur le directeur, dit Claude avec une voix qui eût attendri le démon, je vous en supplie, remettez Albin avec

note

1. **inexorable :** qui ne peut être modifié.

moi, vous verrez comme je travaillerai bien. Vous qui êtes libre, cela vous est égal, vous ne savez pas ce que c'est qu'un ami ; mais, moi, je n'ai que les quatre murs de la prison. Vous pouvez aller et venir, vous ; moi, je n'ai qu'Albin.

520 Rendez-le-moi. Albin me nourrissait, vous le savez bien. Cela ne vous coûterait que la peine de dire oui. Qu'est-ce que cela vous fait qu'il y ait dans la même salle un homme qui s'appelle Claude Gueux et un autre qui s'appelle Albin. Car ce n'est pas plus compliqué que cela. Monsieur le direc-

525 teur, mon bon Monsieur D., je vous supplie vraiment au nom du Ciel !

Claude n'en avait peut-être jamais tant dit à la fois à un geôlier. Après cet effort, épuisé, il attendit. Le directeur répliqua avec un geste d'impatience :

530 — Impossible. C'est dit. Voyons, ne m'en reparle plus. Tu m'ennuies.

Et comme il était pressé, il doubla le pas. Claude aussi. En parlant ainsi, ils étaient arrivés tous deux près de la porte de sortie ; les quatre-vingts voleurs[1] regardaient et écou-

535 taient, haletants[2].

Claude toucha doucement le bras du directeur.

— Mais au moins que je sache pourquoi je suis condamné à mort. Dites-moi pourquoi vous l'avez séparé de moi ?

— Je te l'ai déjà dit, répondit le directeur. Parce que.

540 Et tournant le dos à Claude, il avança la main vers le loquet de la porte de sortie.

À la réponse du directeur, Claude avait reculé d'un pas. Les quatre-vingts statues qui étaient là virent sortir de son

notes

1. *quatre-vingts :* erreur de Victor Hugo qui en annonce quatre-vingt-un à la page 37 (l. 413).

2. *haletants :* qui respirent avec difficulté.

pantalon sa main droite avec la hache. Cette main se leva,
et avant que le directeur eût pu pousser un cri, trois coups
de hache, chose affreuse à dire, assénés[1] dans la même
entaille, lui avaient ouvert le crâne. Au moment
où il tombait à la renverse, un quatrième coup lui balafra
le visage ; puis, comme une fureur lancée ne s'arrête pas
court, Claude Gueux lui fendit la cuisse d'un cinquième
coup inutile. Le directeur était mort.

Alors Claude jeta la hache et cria : *À l'autre maintenant !*
L'autre, c'était lui. On le vit tirer de sa veste les petits ciseaux
de « sa femme », et, sans que personne songeât à l'en empêcher, il se les enfonça dans la poitrine. La lame était courte,
la poitrine était profonde. Il y fouilla longtemps et à plus
de vingt reprises en criant : « Cœur de damné, je ne te trou-
verai donc pas ! » Et enfin il tomba baigné dans son sang,
évanoui sur le mort.

Lequel des deux était la victime de l'autre ?

note

1. *assénés* : frappés avec force.

« — Cette tête de l'homme du peuple, cultivez-la, défrichez-la, arrosez-la, fécondez-la, éclairez-la, moralisez-la, utilisez-la ; vous n'aurez pas besoin de la couper. » Victor Hugo (Claude Gueux)

***Claude Gueux*, dessin à la mine de plomb
de Théophile Alexandre Steinlen au XIXᵉ siècle.**

Au fil du texte

AVEZ-VOUS BIEN LU ?

Choisissez la réponse qui convient.

1. Lorsqu'il se réveille le matin
du 4 novembre, Claude Gueux semble :

a) violent.

b) tranquille.

c) inquiet.

2. À l'atelier, Claude Gueux fabrique :

a) des ciseaux.

b) des chapeaux.

c) des haches.

3. La hache de Claude Gueux provient :

a) de l'atelier de menuiserie.

b) d'une remise.

c) de l'atelier de ferronnerie.

4. Faillette s'aperçoit :

a) que Claude Gueux a l'intention de voler une
hache.

b) que Claude Gueux a volé une hache.

c) que Claude Gueux cache quelque chose dans son
pantalon.

5. L'assemblée des prisonniers réunie par Claude
Gueux avant le meurtre se tient :

a) dans l'atelier.

b) dans le dortoir.

c) dans le réfectoire.

6. Le directeur entre dans l'atelier :

a) à 7 heures.

b) à 8 heures.

c) à 9 heures.

7. Claude Gueux tue le directeur :

a) dès son entrée.

b) après lui avoir dit qu'il allait le tuer.

c) après l'avoir supplié de lui rendre Albin.

8. Après le meurtre, Claude Gueux :

a) s'enfuit.

b) essaie de se suicider avec une paire de ciseaux.

c) demande à un prisonnier de le frapper avec la hache.

registre pathétique : tonalité d'un texte qui cherche à émouvoir son lecteur.

ÉTUDIER LE REGISTRE PATHÉTIQUE*

9. Dans quelle mesure la présentation des objets personnels de Claude Gueux (l. 326 à 331) peut-elle toucher le lecteur ?

10. Comment l'amitié des autres prisonniers pour Claude Gueux se manifeste-t-elle ? En quoi cette amitié participe-t-elle du registre pathétique ?

11. En quoi la supplique adressée au directeur (l. 514 à 526) est-elle pathétique ?

12. À quelle fin Victor Hugo a-t-il recours au registre pathétique ?

ÉTUDIER L'INTENSITÉ DRAMATIQUE

13. Quelles sont les étapes du récit ? Délimitez-les et donnez un titre à chacune d'elles.

14. En quoi le meurtre contraste-t-il avec l'attitude de Claude Gueux avant de commettre son crime ? Vous pouvez notamment vous appuyer sur le ton de ses paroles.

15. De quelle manière l'évolution de l'attitude des prisonniers accentue-t-elle la tension ?

ÉTUDIER LA DESCRIPTION (L. 461 À 473)

16. Comment le début et la fin du paragraphe permettent-ils l'insertion de la description dans le chapitre ?

17. Le verbe « *étaient rangés* » (l. 464) est-il à un temps différent des autres verbes ? Pourquoi Victor Hugo recourt-il à ce temps ?

18. Quelles sont les valeurs de l'imparfait dans les deux dernières phrases ?

19. Quel est le plan de la description ?

20. Quelles sont les lignes dominantes (courbes, rectilignes) ? Justifiez votre réponse par un relevé précis et expliquez l'effet produit.

ÉTUDIER LE DISCOURS ARGUMENTATIF*

21. Qu'est-ce qui nous montre que le récit de Victor Hugo n'est pas un compte rendu objectif ?

22. Quels messages Victor Hugo cherche-t-il à faire passer ? Est-ce une apologie* du meurtre ?

LIRE L'IMAGE

23. Quelle impression se dégage du portrait de Claude Gueux par Steinlen, page 44, et notamment de l'attitude du personnage ?

24. Que peut exprimer l'inscription du portrait sur un médaillon en forme de croix ?

À VOS PLUMES !

25. Victor Hugo décrit l'atelier qui sert de cadre aux moments déterminants du récit.
En construisant votre description de manière rigoureuse et en la rendant suggestive, voire symbolique, vous évoquerez un lieu qui sera le cadre d'une scène importante que vous raconterez (annonce d'une nouvelle, décision, dispute, première rencontre, déclaration d'amour...).

26. Imaginez que les prisonniers se réunissent sans Claude Gueux pour délibérer de la conduite à suivre face au projet de leur compagnon. Vous évoquerez brièvement le cadre de la rencontre et vous ferez se confronter les points de vue. Cette scène pourra vous amener à modifier le dénouement de l'histoire si vous le jugez nécessaire.

discours argumentatif : parole ou texte qui vise, en recourant à des arguments et à des procédés, à transmettre une opinion à un destinataire défini.

apologie : éloge.

Quand Claude reprit connaissance, il était dans un lit, couvert de linges et de bandages, entouré de soins. Il avait auprès de son chevet de bonnes sœurs[1] de charité, et de plus un juge d'instruction[2] qui instrumentait[3] et qui lui demanda
565 avec beaucoup d'intérêt :

– *Comment vous trouvez-vous ?*

Il avait perdu une grande quantité de sang ; mais les ciseaux avec lesquels il avait eu la superstition[4] touchante de se frapper avaient mal fait leur devoir, aucun des coups
570 qu'il s'était portés n'était dangereux. Il n'y avait de mortelles pour lui que les blessures qu'il avait faites à M. D.

Les interrogatoires commencèrent. On lui demanda si c'était lui qui avait tué le directeur des ateliers de la prison de Clairvaux. Il répondit : *Oui*. On lui demanda pourquoi.
575 Il répondit : *Parce que*[5].

Cependant, à un certain moment ses plaies s'envenimè-rent[6] ; il fut pris d'une fièvre mauvaise dont il faillit mourir.

Novembre, décembre, janvier et février se passèrent en soins et en préparatifs. Médecins et juges s'empressaient
580 autour de Claude ; les uns guérissaient ses blessures, les autres dressaient son échafaud[7].

Abrégeons. Le 16 mars 1832, il parut, étant parfaitement guéri, devant la cour d'assises[8] de Troyes[9]. Tout ce que la ville peut donner de foule était là.

---

notes

1. bonnes sœurs : religieuses.

2. juge d'instruction : juge chargé de l'enquête.

3. instrumentait : dressait un procès-verbal, c'est-à-dire un compte-rendu de ce qui s'est passé.

4. superstition : ici, naïveté.

5. parce que : paroles du directeur de l'atelier, page 24 ou 42.

6. s'envenimèrent : s'infectèrent.

7. échafaud : construction destinée à l'exécution des condamnés.

8. cour d'assises : tribunal qui juge les crimes ; ce sont des jurés (et non un juge) qui prononcent la sentence.

9. Troyes : ville de Champagne, à 150 km au sud-est de Paris.

LES GENS DE JUSTICE.

Vous aviez faim… vous aviez faim… ça n'est pas une raison… mais moi aussi presque tous les jours j'ai faim et je ne vole pas pour cela !……

**Lithographie d'Honoré Daumier
publiée dans le journal *Le Charivari* du 20 octobre 1845.**

585   Claude eut une bonne attitude devant la cour ; il s'était fait raser avec soin, il avait la tête nue, il portait ce morne habit des prisonniers de Clairvaux, mi-parti de deux espèces de gris[1].

note

1. mi-parti de deux espèces de gris : comprenant deux nuances de gris.

Le procureur du roi[1] avait encombré la salle de toutes les
baïonnettes[2] de l'arrondissement, « afin, dit-il à l'audience[3],
de contenir tous les scélérats[4] qui devaient figurer comme
témoins dans cette affaire ».

Lorsqu'il fallut entamer le débat, il se présenta une difficulté singulière. Aucun des témoins des événements
du 4 novembre ne voulait déposer[5] contre Claude. Le président les menaça de son pouvoir discrétionnaire[6]. Ce fut
en vain. Claude alors leur commanda de déposer. Toutes les
langues se délièrent. Ils dirent ce qu'ils avaient vu.

Claude les écoutait tous avec une profonde attention.
Quand l'un d'eux, par oubli, ou par affection pour Claude,
omettait[7] des faits à la charge[8] de l'accusé, Claude les réta-
blissait.

De témoignage en témoignage, la série des faits que nous
venons de développer se déroula devant la cour.

Il y eut un moment où les femmes qui étaient là pleurè-
rent. L'huissier[9] appela le condamné Albin. C'était son tour
de déposer. Il entra en chancelant[10] ; il sanglotait. Les
gendarmes ne purent empêcher qu'il n'allât tomber dans les
bras de Claude. Claude le soutint et dit en souriant
au procureur du roi : « Voilà un scélérat qui partage son pain
avec ceux qui ont faim. » Puis il baisa la main d'Albin.

notes

1. **procureur du roi :** magistrat représentant l'autorité de l'État.
2. **baïonnettes :** procédé de style (synecdoque) qui consiste à désigner les soldats par l'arme qu'ils portent, une petite épée fixée au bout d'un fusil.
3. **audience :** réunion du tribunal.
4. **scélérats :** personnes susceptibles d'avoir commis ou de commettre un crime.
5. **déposer :** témoigner.
6. **discrétionnaire :** personnel, arbitraire.
7. **omettait :** oubliait.
8. **à la charge :** pouvant faire condamner l'accusé.
9. **huissier :** personne chargée de faire entrer les témoins.
10. **chancelant :** marchant difficilement comme s'il allait tomber.

La liste des témoins épuisée, M. le procureur du roi se leva et prit la parole en ces termes : « Messieurs les jurés[1], la société serait ébranlée jusque dans ses fondements, si la vindicte publique[2] n'atteignait pas les grands coupables comme celui qui, etc. ».

Après ce discours mémorable[3], l'avocat[4] de Claude parla. La plaidoirie[5] contre et la plaidoirie pour firent, chacune à leur tour, les évolutions qu'elles ont coutume de faire dans cette espèce d'hippodrome[6] que l'on appelle un procès criminel.

Claude jugea que tout n'était pas dit. Il se leva à son tour. Il parla de telle sorte qu'une personne intelligente qui assistait à cette audience s'en revint frappée d'étonnement. Il paraît que ce pauvre ouvrier contenait bien plutôt un orateur qu'un assassin. Il parla debout, avec une voix pénétrante et bien ménagée, avec un œil clair, honnête et résolu[7], avec un geste presque toujours le même, mais plein d'empire[8]. Il dit les choses comme elles étaient, simplement, sérieusement, sans charger ni amoindrir[9], convint de tout, regarda l'article 296[10] en face, et posa sa tête dessous. Il eut des moments de véritable haute éloquence qui faisaient remuer la foule, et où l'on se répétait à l'oreille dans l'auditoire ce qu'il venait de dire. Cela faisait un murmure pendant lequel Claude reprenait haleine

notes

1. jurés : citoyens ordinaires tirés au sort pour former le jury de la cour d'assises.
2. vindicte publique : punition des crimes au nom de la société.
3. mémorable : dont on se souvient.

4. avocat : personne chargée de défendre l'accusé.
5. plaidoirie : discours de l'avocat (défense de l'accusé) ou du procureur (contre l'accusé).
6. hippodrome : lieu où se déroulent les courses de chevaux.

7. résolu : décidé.
8. empire : autorité naturelle.
9. amoindrir : atténuer.
10. article 296 : article de loi selon lequel tout meurtre commis avec préméditation est un assassinat. À l'époque, l'assassinat est puni de mort.

Une péroraison à la Démosthène,
lithographie d'Honoré Daumier
extraite de la série « Les gens de justice », 1845.

en jetant un regard fier sur les assistants. Dans d'autres instants, cet homme, qui ne savait pas lire, était doux, poli, choisi[1] comme un lettré[2] ; puis, par moments encore, modeste, mesuré, attentif, marchant pas à pas dans la partie irritante de la discussion, bienveillant pour les juges. Une fois seulement, il se laissa aller à une secousse de colère. Le procureur du roi avait établi, dans le discours que nous

640

notes
_____

1. choisi : fin, subtil.   **2. lettré :** homme cultivé.

avons cité en entier[1], que Claude Gueux avait assassiné
le directeur des ateliers sans voie de fait[2] ni violence
645 de la part du directeur, par conséquent *sans provocation*.

– Quoi ! s'écria Claude, je n'ai pas été provoqué !
Ah ! oui, vraiment, c'est juste. Je vous comprends.
Un homme ivre me donne un coup de poing, je le tue, j'ai
été provoqué, vous me faites grâce, vous m'envoyez aux
650 galères[3]. Mais un homme qui n'est pas ivre et qui a toute
sa raison me comprime le cœur pendant quatre ans,
m'humilie pendant quatre ans, me pique tous les jours,
toutes les heures, toutes les minutes, d'un coup d'épingle
à quelque place inattendue pendant quatre ans ! J'avais une
655 femme pour qui j'ai volé, il me torture avec cette femme ;
j'avais un enfant pour qui j'ai volé, il me torture avec cet
enfant ; je n'ai pas assez de pain, un ami m'en donne,
il m'ôte mon ami et mon pain. Je redemande mon ami,
il me met au cachot. Je lui dis *vous*, à lui mouchard, il me dit
660 *tu*. Je lui dis que je souffre, il me dit que je l'ennuie. Alors
que voulez-vous que je fasse ? Je le tue. C'est bien, je suis
un monstre, j'ai tué cet homme, je n'ai pas été provoqué,
vous me coupez la tête. Faites ! – Mouvement sublime,
selon nous, qui faisait tout à coup surgir, au-dessus
665 du système de provocation matérielle, sur lequel s'appuie
l'échelle mal proportionnée des circonstances atténuantes[4],
toute une théorie de la provocation morale oubliée par
la loi.

notes

1. en entier : discours
de la page 52, l. 613 à 616
(ironique).
2. voie de fait : action
illégale.

3. galères : navires
de guerre sur lesquels
les rameurs sont
des condamnés.

**4. circonstances
atténuantes :** éléments
qui atténuent
la gravité du crime.

Les débats fermés, le président fit son résumé impartial[1]
670 et lumineux. Il en résulta ceci : une vilaine vie ; un monstre
en effet ; Claude Gueux avait commencé par vivre
en concubinage[2] avec une fille publique ; puis il avait volé ;
puis il avait tué. Tout cela était vrai.

Au moment d'envoyer les jurés dans leur chambre[3],
675 le président demanda à l'accusé s'il avait quelque chose
à dire sur la position des questions[4].

– Peu de chose, dit Claude. Voici, pourtant. Je suis
un voleur et un assassin. J'ai volé et j'ai tué. Mais pourquoi
ai-je volé ? pourquoi ai-je tué ? Posez ces deux questions
680 à côté des autres, messieurs les jurés.

Après un quart d'heure de délibération[5], sur la déclaration
des douze Champenois[6] qu'on appelait *messieurs les jurés*,
Claude Gueux fut condamné à mort.

Il est certain que, dès l'ouverture des débats, plusieurs
685 d'entre eux avaient remarqué que l'accusé s'appelait *Gueux*[7],
ce qui leur avait fait une impression profonde.

On lut son arrêt[8] à Claude, qui se contenta de dire : *C'est
bien. Mais pourquoi cet homme a-t-il volé ? Pourquoi cet homme
a-t-il tué ? Voilà deux questions auxquelles ils ne répondent pas.*

690 Rentré dans la prison, il soupa gaiement et dit : Trente-six
ans de faits !

notes

1. **impartial :** objectif.
2. **concubinage :** sans être marié.
3. **chambre :** ici, pièce dans laquelle les jurés vont délibérer.
4. **position des questions :** nature des questions

auxquelles les jurés doivent répondre.
5. **délibération :** discussion pour parvenir à une décision ; la délibération peut durer plusieurs heures.
6. **douze Champenois :** douze jurés habitants

de la région de Troyes (Champagne).
7. **gueux :** misérable, réduit à la mendicité.
8. **arrêt :** sentence, décision.

Il ne voulait pas se pourvoir en cassation[1]. Une des sœurs qui l'avaient soigné vint l'en prier avec larmes. Il se pourvut[2] par complaisance pour elle. Il paraît qu'il résista jusqu'au dernier instant, car au moment où il signa son pourvoi[3] sur le registre du greffe[4], le délai légal des trois jours était expiré depuis quelques minutes. La pauvre fille reconnaissante lui donna cinq francs. Il prit l'argent et la remercia.

Pendant que son pourvoi pendait[5], des offres d'évasion lui furent faites par les prisonniers de Troyes, qui s'y dévouaient tous. Il refusa. Les détenus jetèrent successivement dans son cachot par le soupirail[6] un clou, un morceau de fil de fer et une anse de seau. Chacun de ces trois outils eût suffi, à un homme aussi intelligent que l'était Claude, pour limer ses fers. Il remit l'anse, le fil de fer et le clou au guichetier.

Le 8 juin 1832, sept mois et quatre jours après le fait, l'expiation[7] arriva, *pede claudo*[8], comme on voit. Ce jour-là, à sept heures du matin, le greffier du tribunal entra dans le cachot de Claude, et lui annonça qu'il n'avait plus qu'une heure à vivre. Son pourvoi était rejeté.

– Allons, dit Claude froidement, j'ai bien dormi cette nuit sans me douter que je dormirais encore mieux la prochaine.

Il paraît que les paroles des hommes forts doivent toujours recevoir de l'approche de la mort une certaine grandeur.

notes

1. *se pourvoir en cassation :* demander à la Cour de cassation de casser le jugement de la cour d'assises.
2. *pourvut :* passé simple du verbe « se pourvoir ».
3. *pourvoi :* fait de se pourvoir (en cassation).

4. *greffe :* lieu où sont déposés les actes de procédure.
5. *pendait :* était en attente ; tant que le pourvoi est « pendant », la sentence est suspendue : elle ne peut être exécutée.
6. *soupirail :* petite fenêtre, ouverture.

7. *expiation :* punition qui efface la faute ; vocabulaire chrétien.
8. *pede claudo :* citation d'Horace (poète latin, Ier siècle av. J.-C.) qui veut dire « d'un pied boiteux ».

Exécution de Prévost le 19 janvier 1880. Gravure sur bois.

715   Le prêtre arriva, puis le bourreau. Il fut humble avec le prêtre, doux avec l'autre. Il ne refusa ni son âme, ni son corps.

    Il conserva une liberté d'esprit parfaite. Pendant qu'on lui coupait les cheveux, quelqu'un parla, dans un coin
720 du cachot, du choléra[1] qui menaçait Troyes en ce moment.

note

1. *choléra* : maladie infectieuse très contagieuse.

— Quant à moi, dit Claude avec un sourire, je n'ai pas peur du choléra.

Il écoutait d'ailleurs le prêtre avec une attention extrême, en s'accusant beaucoup et en regrettant de n'avoir pas été instruit dans la religion.

Sur sa demande, on lui avait rendu les ciseaux avec lesquels il s'était frappé. Il y manquait une lame qui s'était brisée dans sa poitrine. Il pria le geôlier de faire porter de sa part ces ciseaux à Albin. Il dit aussi qu'il désirait qu'on ajoutât à ce legs[1] la ration de pain qu'il aurait dû manger ce jour-là.

Il pria ceux qui lui lièrent les mains de mettre dans sa main droite la pièce de 5 francs que lui avait donnée la sœur, la seule chose qui lui restât désormais.

À huit heures moins un quart, il sortit de la prison, avec tout le lugubre cortège ordinaire des condamnés. Il était à pied, pâle, l'œil fixé sur le crucifix du prêtre, mais marchant d'un pas ferme.

On avait choisi ce jour-là pour l'exécution, parce que c'était jour de marché, afin qu'il y eût le plus de regards possible sur son passage ; car il paraît qu'il y a encore en France des bourgades à demi sauvages où, quand la société tue un homme, elle s'en vante.

Il monta sur l'échafaud gravement, l'œil toujours fixé sur le gibet[2] du Christ. Il voulut embrasser le prêtre, puis le bourreau, remerciant l'un, pardonnant à l'autre. Le bourreau *le repoussa doucement*, dit une relation[3]. Au moment où l'aide[4] le liait sur la hideuse mécanique, il fit signe

---

notes

1. **legs :** don par héritage.

2. **gibet :** construction servant à la pendaison ; le Christ a été crucifié.

3. **relation :** compte rendu.

4. **aide :** ici, l'assistant du bourreau.

au prêtre de prendre la pièce de cinq francs qu'il avait en sa main droite, et lui dit : *Pour les pauvres*. Comme huit
750 heures sonnaient en ce moment, le bruit de beffroi[1] de l'horloge couvrit sa voix, et le confesseur lui répondit qu'il n'entendait pas. Claude attendit l'intervalle de deux coups et répéta avec douceur : *Pour les pauvres*.

Le huitième coup n'était pas encore sonné que cette noble
755 et intelligente tête était tombée.

Admirable effet des exécutions publiques ! Ce jour-là même, la machine étant encore debout au milieu d'eux et pas lavée, les gens du marché s'ameutèrent[2] pour une question de tarif et faillirent massacrer un employé
760 de l'octroi[3]. Le doux peuple que vous font ces lois-là !

---

notes

1. beffroi : clocher, tour.
2. s'ameutèrent : se révoltèrent, déclenchèrent une émeute.

3. octroi : administration qui perçoit une taxe sur les marchandises entrant dans la ville.

La guillotine au XIXᵉ siècle.

Au fil du texte

AVEZ-VOUS BIEN LU ?

1. À quelle date et en quelle ville a lieu le procès de Claude Gueux ?

2. Quel personnage obtient des témoins qu'ils racontent ce qu'ils ont vu ?

3. De combien de jurés se compose le jury qui va décider du sort de Claude Gueux ?

juridiction : **tribunal dont dépend l'affaire.**

4. Combien de temps dure la délibération du jury ?

5. Quelle est la décision du jury ?

6. Pour quelle raison Claude Gueux se pourvoit-il en cassation ?

7. Quel jour et à quelle heure Claude Gueux est-il exécuté ?

8. Qu'est-ce que Claude Gueux a légué à Albin ?

9. Quelle maladie menace Troyes à cette époque ?

10. Quelles sont les dernières paroles de Claude Gueux ?

ÉTUDIER LE VOCABULAIRE DE LA JUSTICE

11. Quelles sont les deux juridictions* qui condamnent successivement Claude Gueux à la peine capitale ?

12. Quelles sont les différentes étapes du parcours judiciaire du meurtre à l'exécution ? Quelle est la durée de chaque étape ?

13. Quels sont les différents intervenants lors du procès ? Définissez leur rôle.

ÉTUDIER LA PLAIDOIRIE DE CLAUDE GUEUX (L. 646 À 668)

chiasme :
**procédé
de style
qui, dans
un groupe
de quatre
éléments,
associe le
premier au
quatrième
et le second
au troisième.**

14. Pourquoi Victor Hugo choisit-il de faire figurer ce discours de Claude Gueux et non les plaidoiries du procureur et de l'avocat ? Le compte rendu du procès est-il objectif ? Pourquoi ?

15. Quel argument Claude Gueux développe-t-il ?

16. Étudiez précisément le parallélisme syntaxique et la figure du chiasme★ (l. 654 à 660). Quel est l'effet produit ?

17. Comment les procédés d'opposition viennent-ils souligner l'argument exposé ?

ÉTUDIER UN PERSONNAGE EXEMPLAIRE

18. De quelles qualités Claude Gueux fait-il preuve durant le procès ?

19. En quoi l'attitude de Claude Gueux est-elle exemplaire lors de son exécution ?

20. Dans quelle mesure peut-on dire que l'attitude de la religieuse (l. 692 à 698) souligne l'exemplarité de la conduite de Claude Gueux ?

21. Dans quel but Victor Hugo nous donne-t-il
cette image de Claude Gueux ?

ÉTUDIER LA CRITIQUE DE LA JUSTICE ET DE LA SOCIÉTÉ

22. Que reproche Victor Hugo à la justice ?

23. Quelles questions Claude Gueux pose-t-il
au jury ? En quoi contiennent-elles une mise
en accusation de la société ?

24. Par quels procédés Victor Hugo parvient-il
à faire passer cette critique ? Présentez-en trois.

LIRE L'IMAGE

25. Que critique Daumier dans la caricature
de la page 50 ?

26. En quoi la caricature de Daumier, page 53,
permet-elle d'illustrer le discours du procureur
(l. 613 à 616) ?

À VOS PLUMES !

27. Un des quatre-vingt-un prisonniers compagnons
de Claude Gueux répond aux questions du président
de la cour d'assises. Vous composerez ce dialogue
en développant le témoignage.

28. En vous inspirant du discours de Claude Gueux,
écrivez la plaidoirie de son avocat. Développez
trois arguments.

Nous avons cru devoir raconter en détail l'histoire de Claude Gueux, parce que, selon nous, tous les paragraphes de cette histoire pourraient servir de têtes de chapitre au livre où serait résolu le grand problème du peuple au dix-neuvième siècle. Dans cette vie importante il y a deux phases principales, avant la chute, après la chute ; et, sous ces deux phases[1], deux questions, question de l'éducation, question de la pénalité[2] ; et, entre ces deux questions, la société tout entière.

Cet homme, certes, était bien né, bien organisé, bien doué[3]. Que lui a-t-il donc manqué ? Réfléchissez.

C'est là le grand problème de proportion dont la solution, encore à trouver, donnera l'équilibre universel : *Que la société fasse toujours pour l'individu autant que la nature.*

Voyez Claude Gueux. Cerveau bien fait, cœur bien fait, sans nul doute. Mais le sort le met dans une société si mal faite qu'il finit par tuer.

Qui est réellement coupable ? Est-ce lui ? Est-ce nous ?

Questions sévères, questions poignantes[4], qui sollicitent à cette heure toutes les intelligences, qui nous tirent tous tant que nous sommes, par le pan de notre habit, et qui nous barreront un jour si complètement le chemin qu'il faudra bien les regarder en face et savoir ce qu'elles nous veulent.

Celui qui écrit ces lignes essaiera de dire bientôt peut-être de quelle façon il les comprend.

Quand on est en présence de pareils faits, quand on songe à la manière dont ces questions nous pressent,

---

notes

1. phases : étapes.
2. question de la pénalité : question de la justice et des peines.
3. doué : intelligent.
4. poignantes : sensibles, douloureuses.

on se demande à quoi pensent ceux qui gouvernent, s'ils ne pensent pas à cela[1].

790 Les Chambres[2], tous les ans, sont gravement occupées. Il est sans doute très important de désenfler les sinécures[3] et d'écheniller[4] le budget ; il est très important de faire des lois pour que j'aille, déguisé en soldat, monter patriotiquement la garde à la porte de M. le comte de Lobau[5] que
795 je ne connais pas et que je ne veux pas connaître, ou pour me contraindre à parader au carré Marigny[6], sous le bon plaisir de mon épicier, dont on a fait mon officier[7].

Il est important, députés ou ministres, de fatiguer et de tirailler toutes les choses et toutes les idées de ce pays
800 dans des discussions pleines d'avortements[8] ; il est essentiel, par exemple, de mettre sur la sellette[9] et d'interroger et de questionner à grands cris, et sans savoir ce qu'on dit, l'art du dix-neuvième siècle, ce grand et sévère accusé qui ne daigne pas répondre et qui fait bien ; il est expédient[10]
805 de passer son temps, gouvernants et législateurs[11], en conférences classiques qui font hausser les épaules aux maîtres d'école de la banlieue ; il est utile de déclarer que c'est

notes

1. s'ils ne pensent pas à cela : le manuscrit s'arrête ici avec la date du 23 juin 1834 ; ce qui suit est la version remaniée d'un texte composé en 1832.
2. les Chambres : la Chambre des pairs et la Chambre des députés sont deux assemblées.
3. sinécures : emplois, fonctions inutiles (du latin *sine cura* qui veut dire « sans effort »).
4. écheniller : débarrasser un arbre de ses chenilles ; ici au sens figuré.

5. comte de Lobau : en 1831, ce commandant de la garde nationale de Paris était la cible des satires pour avoir dispersé une manifestation avec des lances à incendie.
6. carré Marigny : bâtiment qui accueillait des manifestations publiques.
7. [...] dont on a fait mon officier : note de Victor Hugo qui s'en prend à la garde nationale : « *Il va sans dire que nous n'entendons pas ici attaquer la patrouille urbaine, chose*

utile, qui garde la rue, le seuil et le foyer ; mais seulement la parade, le pompon, la gloriole et le tapage militaires, choses ridicules, qui ne servent qu'à faire du bourgeois une parodie du soldat. »
8. avortements : au sens figuré, discussions qui n'aboutissent pas.
9. mettre sur la sellette : mettre au cœur des préoccupations, en avant.
10. expédient : utile.
11. législateurs : personnes chargées de rédiger les lois.

le drame moderne[1] qui a inventé l'inceste[2], l'adultère, le parricide[3], l'infanticide[4] et l'empoisonnement, et de prouver par là qu'on ne connaît ni Phèdre[5], ni Jocaste[6], ni Œdipe[7], ni Médée[8], ni Rodogune[9] ; il est indispensable que les orateurs politiques de ce pays ferraillent[10], trois grands jours durant, à propos du budget, pour Corneille et Racine[11], contre on ne sait qui, et profitent de cette occasion littéraire pour s'enfoncer les uns les autres à qui mieux mieux dans la gorge de grandes fautes de français jusqu'à la garde[12].

Tout cela est important ; nous croyons cependant qu'il pourrait y avoir des choses plus importantes encore.

Que dirait la Chambre, au milieu des futiles[13] démêlés qui font si souvent colleter[14] le ministère par l'opposition et l'opposition par le ministère, si, tout à coup, des bancs de la Chambre ou de la tribune publique, qu'importe, quelqu'un se levait et disait ces sérieuses paroles :

notes

1. drame moderne : le drame romantique, nouveau genre théâtral défendu par Victor Hugo et fortement critiqué par les tenants de l'esthétique classique (modèle de Racine).

2. inceste : relation sexuelle entre personnes d'un même sang, par exemple un père et sa fille ou un frère et une sœur.

3. parricide : meurtre de son propre père.

4. infanticide : meurtre de son propre enfant.

5. Phèdre : épouse de Thésée ; elle provoque la mort de son beau-fils qu'elle aime en secret (deux actions considérées comme infanticide et inceste). C'est l'héroïne d'une tragédie de Jean Racine (*Phèdre*, 1677).

6. Jocaste : mère et épouse d'Œdipe (crime d'inceste). Lorsqu'elle découvre la vérité, elle se pend.

7. Œdipe : fils de Laïos et de Jocaste. L'oracle lui annonce qu'il tuera son père (parricide) et épousera sa mère (inceste). C'est ce qui se produit malgré ses efforts pour échapper au destin. Il se crève les yeux quand il découvre la vérité.

8. Médée : épouse de Jason, elle tue ses enfants (infanticide) pour se venger de l'infidélité de son mari.

9. Rodogune : personnage d'une tragédie de Corneille (*Rodogune*, 1644). La mère de ses prétendants cherche à l'empoisonner.

10. ferraillent : se battent à l'épée ; ici au sens figuré.

11. Corneille et Racine : deux auteurs dramatiques classiques (XVIIe siècle).

12. garde : dans une épée, partie qui protège la main.

13. futiles : sans véritable enjeu.

14. colleter : littéralement « prendre au col », attaquer.

825 « Taisez-vous, monsieur Mauguin[1], taisez-vous, monsieur Thiers[2] ! vous croyez être dans la question, vous n'y êtes pas. La question, la voici : la justice vient, il y a un an à peine, de déchiqueter un homme à Pamiers[3] avec un eustache[4] ; à Dijon, elle vient d'arracher la tête à une femme ; à Paris,
830 elle fait, barrière Saint-Jacques[5], des exécutions inédites. Ceci est la question. Occupez-vous de ceci. Vous vous querellerez après pour savoir si les boutons de la garde nationale doivent être blancs ou jaunes, et si l'*assurance* est une plus belle chose que la *certitude*[6].

835 « Messieurs des centres, messieurs des extrémités, le gros du peuple souffre ! Que vous l'appeliez république ou que vous l'appeliez monarchie, le peuple souffre. Ceci est un fait.

« Le peuple a faim, le peuple a froid. La misère le pousse
840 au crime ou au vice, selon le sexe. Ayez pitié du peuple, à qui le bagne prend ses fils, et le lupanar[7] ses filles. Vous avez trop de forçats, vous avez trop de prostituées. Que prouvent ces deux ulcères[8] ! Que le corps social a un vice dans le sang. Vous voilà réunis en consultation au chevet
845 du malade ; occupez-vous de la maladie.

« Cette maladie, vous la traitez mal. Étudiez-la mieux. Les lois que vous faites, quand vous en faites, ne sont que des palliatifs[9] et des expédients[10]. Une moitié de vos codes est

notes

1. **Mauguin :** député de gauche.
2. **Thiers :** député de droite.
3. **Pamiers :** ville de l'Ariège.
4. **eustache :** petit couteau.
5. **barrière Saint-Jacques :** ancien nom de la place Saint-Jacques dans le 14e arrondissement à Paris.
6. **l'assurrance [...] la certitude :** allusion au fait que le gouvernement, en 1831, avait fait remplacer par « espérance » le mot « certitude » qui figurait dans une motion votée par la Chambre.
7. **lupanar :** maison de prostitution.
8. **ulcères :** sortes de plaies (sur la jambe, l'estomac).
9. **palliatifs :** médicaments destinés à calmer la douleur sans guérir la maladie.
10. **expédients :** remèdes hasardeux, improvisés.

routine, l'autre moitié empirisme[1]. La flétrissure[2] était une
850 cautérisation[3] qui gangrenait[4] la plaie ; peine insensée que
celle qui pour la vie scellait et rivait le crime sur le criminel !
qui en faisait deux amis, deux compagnons, deux insépara-
bles ! Le bagne est un vésicatoire[5] absurde qui laisse résorber,
non sans l'avoir rendu pire encore, presque tout le mauvais
855 sang qu'il extrait. La peine de mort est une amputation[6]
barbare.

« Or, flétrissure, bagne, peine de mort, trois choses qui
se tiennent. Vous avez supprimé la flétrissure ; si vous êtes
logiques, supprimez le reste. Le fer rouge, le boulet[7]
860 et le couperet[8], c'étaient les trois parties d'un syllogisme[9].
Vous avez ôté le fer rouge, le boulet et le couperet n'ont
plus de sens. Farinace[10] était atroce ; mais il n'était pas
absurde.

« Démontez-moi cette vieille échelle boiteuse des crimes
865 et des peines, et refaites-la. Refaites votre pénalité, refaites
vos codes[11], refaites vos prisons, refaites vos juges. Remettez
les lois au pas des mœurs.

« Messieurs, il se coupe trop de têtes par an en France.
Puisque vous êtes en train de faire des économies, faites-en

notes

1. empirisme : pratique qui repose sur l'expérience et non sur un raisonnement fondé.
2. flétrissure : marque au fer rouge appliquée sur certains condamnés pour afficher leur crime.
3. cautérisation : application du fer rouge sur une plaie pour la désinfecter.
4. gangrenait : aggravait l'infection de la plaie.

5. vésicatoire : remède qui, appliqué sur la peau, provoque des ampoules parce qu'il attire les substances nocives qui empoisonnent l'organisme.
6. amputation : ablation d'un membre malade, notamment dans le cas de la gangrène.
7. boulet : boule de plomb attaché à la cheville d'un bagnard et destinée à l'empêcher de fuir.

8. couperet : lame de la guillotine.
9. syllogisme : raisonnement constitué de trois propositions, la troisième découlant du rapprochement des deux premières.
10. Farinace : juge et juriste italien (1554-1613) ; il était très sévère mais il proposa un système judiciaire cohérent.
11. codes : recueils de lois.

Forçats se rendant au travail. Photographie de 1909.

Le pénitencier de Maroni en Guyane vers 1900.

870 là-dessus. Puisque vous êtes en verve[1] de suppressions, supprimez le bourreau. Avec la solde[2] de vos quatre-vingts bourreaux, vous paierez six cents maîtres d'école.

« Songez au gros du peuple. Des écoles pour les enfants, des ateliers pour les hommes. Savez-vous que la France est
875 un des pays de l'Europe où il y a le moins de natifs[3] qui sachent lire ? Quoi ! la Suisse sait lire, la Belgique sait lire, le Danemark sait lire, la Grèce sait lire, l'Irlande sait lire, et la France ne sait pas lire ? C'est une honte.

« Allez dans les bagnes. Appelez autour de vous toute
880 la chiourme[4]. Examinez un à un tous ces damnés de la loi humaine. Calculez l'inclinaison de tous ces profils, tâtez tous ces crânes. Chacun de ces hommes tombés a au-dessous de lui son type bestial[5] ; il semble que chacun d'eux soit le point d'intersection de telle ou telle espèce animale avec
885 l'humanité. Voici le loup-cervier[6], voici le chat, voici le singe, voici le vautour, voici l'hyène[7]. Or, de ces pauvres têtes mal conformées, le premier tort est à la nature sans doute, le second à l'éducation. La nature a mal ébauché, l'éducation a mal retouché l'ébauche. Tournez vos soins
890 de ce côté. Une bonne éducation au peuple. Développez de votre mieux ces malheureuses têtes afin que l'intelligence qui est dedans puisse grandir. Les nations ont le crâne bien ou mal fait selon leurs institutions. Rome et la Grèce avaient

notes

1. *en verve :* tenté par l'abondance.
2. *solde :* salaire.
3. *natifs :* habitants nés dans le pays.
4. *chiourme :* ensemble des bagnards.
5. *bestial :* animal.

6. *loup-cervier :* lynx, loup qui s'attaque aux cerfs (cervier).
7. *hyène :* mammifère charognard d'Afrique. Victor Hugo s'appuie ici sur deux théories scientifiques abandonnées aujourd'hui :

la physiognomonie qui étudie les caractères humains en comparant les physionomies avec les animaux et la phrénologie qui étudie les comportements à partir de la forme des crânes.

le front haut. Ouvrez le plus que vous pourrez l'angle facial[1]
du peuple.

    « Quand la France saura lire, ne laissez pas sans direction
cette intelligence que vous aurez développée. Ce serait
un autre désordre. L'ignorance vaut encore mieux que
la mauvaise science. Non. Souvenez-vous qu'il y a un livre
plus philosophique que le *Compère Mathieu*[2], plus populaire
que le *Constitutionnel*[3], plus éternel que la charte de 1830[4].
C'est l'Écriture sainte[5]. Et ici un mot d'explication. Quoi
que vous fassiez, le sort de la grande foule, de la multitude,
de la *majorité* sera toujours relativement pauvre, et malheureux et triste. À elle le dur travail, les fardeaux à pousser, les
fardeaux à traîner, les fardeaux à porter. Examinez cette
balance : toutes les jouissances dans le plateau du riche,
toutes les misères dans le plateau du pauvre. Les deux parts
ne sont-elles pas inégales ? La balance ne doit-elle pas néces-
sairement pencher, et l'État avec elle ? Et maintenant dans
le lot du pauvre, dans le plateau des misères, jetez la certitude d'un avenir céleste, jetez l'aspiration au bonheur
éternel, jetez le paradis, contrepoids magnifique ! Vous
rétablissez l'équilibre. La part du pauvre est aussi riche que
la part du riche. C'est ce que savait Jésus, qui en savait plus
long que Voltaire[6].

notes

1. angle facial : angle formé par la ligne qui joint la bouche au front et celle qui va de la bouche à la base du menton. Selon la physiognomonie, plus la face est plate plus l'homme est intelligent.
2. Compère Mathieu : roman satirique de Henri-Joseph Dulaurens, publié en 1765, qui critique la religion. Il fut au départ attribué à Voltaire.
3. Le Constitutionnel : journal partisan de la monarchie de Juillet.
4. charte de 1830 : constitution du gouvernement de Juillet, qui fixe le fonctionnement d'une monarchie constitutionnelle.
5. Écriture sainte : la Bible.
6. Voltaire : écrivain satirique du XVIIIe siècle qui critique les institutions, et notamment la religion.

Claude Gueux
par Louis Édouard Rioult
(1790-1855).

« Donnez au peuple qui travaille et qui souffre, donnez au peuple, pour qui ce monde-ci est mauvais, la croyance à un meilleur monde fait pour lui. Il sera tranquille, il sera patient. La patience[1] est faite d'espérance[2].

« Donc ensemencez les villages d'évangiles[3]. Une bible par cabane. Que chaque livre et chaque champ produisent à eux deux un travailleur moral.

« La tête de l'homme du peuple, voilà la question. Cette tête est pleine de germes utiles. Employez pour la faire mûrir et venir à bien ce qu'il y a de plus lumineux et mieux tempéré dans la vertu. Tel a assassiné sur les grandes routes qui, mieux dirigé, eût été le plus excellent serviteur de la cité. Cette tête de l'homme du peuple, cultivez-la, défrichez-la, arrosez-la, fécondez-la, éclairez-la, moralisez-la, utilisez-la ; vous n'aurez pas besoin de la couper. »

---

notes

1. **patience :** étymologiquement, capacité de souffrir, d'endurer des épreuves.
2. **espérance :** dans le vocabulaire chrétien, attente de la venue de Dieu. Victor Hugo, comme en atteste son roman *Les Misérables*, croit profondément en la venue d'un monde meilleur dans lequel régnerait la vertu.
3. **Évangiles :** récits de la vie de Jésus-Christ.

Au fil du texte

AVEZ-VOUS BIEN LU?

1. Parmi les propositions suivantes, indiquez celles qui sont exactes.

a) L'histoire de Claude Gueux sert d'exemple à la démonstration de Victor Hugo.

b) Pour Victor Hugo, la société est responsable du vol et du meurtre commis par Claude Gueux.

c) Selon Victor Hugo, le système judiciaire français est injuste parce qu'un seul homme a droit de vie et de mort sur l'accusé.

d) Victor Hugo rend hommage aux parlementaires qui débattent de l'opposition entre les artistes modernes et les classiques, tels Racine et Corneille.

e) Victor Hugo s'adresse aux parlementaires car il pense qu'il faudrait agir dans l'intérêt du peuple.

f) Victor Hugo souscrit à une théorie scientifique de son époque (phrénologie) selon laquelle la forme du crâne détermine le caractère et l'intelligence.

g) La phrénologie est une théorie qui n'a plus cours aujourd'hui.

h) Victor Hugo dit que la priorité est l'éducation du peuple.

i) Pour Victor Hugo, le peuple devrait se révolter contre son sort.

j) L'instruction religieuse est, pour Victor Hugo, une solution à la misère du peuple.

k) Victor Hugo propose de distribuer des Évangiles dans les villages pour apprendre aux malheureux à supporter leur souffrance.

l) Victor Hugo croit au progrès de l'humanité dans un esprit chrétien.

Réponses exactes :

....

ÉTUDIER LA COMPOSITION DE LA CONCLUSION

2. Que représente la deuxième personne du pluriel dans « *Réfléchissez* » (l. 771), « *Taisez-vous* » (l. 825), « *que vous l'appeliez* » (l. 836) ?

3. Quelles sont les deux grandes parties de la conclusion que Victor Hugo tire du récit ? Appuyez-vous notamment sur la question précédente.

4. Comment les premiers paragraphes (l. 761 à 789) de la conclusion marquent-ils le lien entre l'histoire de Claude Gueux et la leçon ?

5. Comment le dernier paragraphe (l. 924 à 931) rappelle-t-il l'histoire de Claude Gueux ?

registre ironique : tonalité d'un texte qui laisse entendre au lecteur le contraire de ce qui est écrit littéralement.

ÉTUDIER LE REGISTRE IRONIQUE* ET SA FONCTION CRITIQUE (L. 798 À 819)

6. Quelle est la particularité de la tournure « *Il est important* » qui ouvre le paragraphe ?

7. Quelle est la valeur du présent dans cette tournure ?

8. Relevez les autres constructions similaires. Comment faut-il les comprendre ? Quel est l'effet produit ?

9. Quel est le procédé de style utilisé de « *Il est indispensable* » à « *jusqu'à la garde* » (l. 811 à 817) ?

10. Comment Victor Hugo montre-t-il l'ignorance et la prétention des parlementaires ?

11. Qu'est-ce qui est reproché aux parlementaires ?

champ lexical : ensemble des mots de toutes natures se rapportant à un même thème.

ÉTUDIER LA CRITIQUE DE LA PEINE DE MORT (L. 839 À 872)

12. Quel est l'argument développé dans le premier paragraphe (l. 839 à 845) ?

13. Relevez le champ lexical* de la maladie dans les deux premiers paragraphes (l. 839 à 856). Vous distinguerez ce qui relève strictement de la maladie et ce qui relève de la médecine.

14. Quel procédé de style engagé dans le premier paragraphe se poursuit tout au long du deuxième paragraphe ? Quelle est sa signification ?

15. Quel est le mode employé dans le quatrième paragraphe (l. 864 à 867) ? Quelle est sa valeur ?

16. Récrivez le quatrième paragraphe à la deuxième personne du singulier.

17. Quelles sont les deux valeurs du présent de l'indicatif employées dans ce passage ? Donnez à chaque fois un exemple.

18. Quels sont les arguments avancés successivement par Victor Hugo pour remettre en cause la peine de mort ?

ÉTUDIER LE PLAIDOYER POUR L'ÉDUCATION

19. Quelles sont les deux étapes essentielles de l'éducation prônée par Victor Hugo ?

20. Quel est pour Victor Hugo l'intérêt de distribuer des Évangiles dans les villages ?

LIRE L'IMAGE

21. Quels points communs les représentations du bagne de la page 69 présentent-elles avec celles de la prison, page 21 ?

22. Comment la gravure de la page 72 rend-elle compte du problème de la misère que soulève Victor Hugo à la fin de son récit ?

À VOS PLUMES !

23. Écrivez un plaidoyer pour l'instruction en vous appuyant sur d'autres arguments que ceux avancés par Victor Hugo.

24. Défendez devant une assemblée de collégiens une cause qui vous tient à cœur. Votre discours sera argumenté et s'appuiera sur des exemples précis.

Retour sur l'œuvre

1. Reconstituez le déroulement chronologique de l'histoire de Claude Gueux en plaçant les événements suivants dans l'ordre.

a) M. Delacelle annonce au prisonnier que sa femme est devenue une prostituée et que l'on ne sait pas ce qu'il est advenu de sa fille.

b) Claude Gueux vit avec sa compagne et sa fille.

c) Claude Gueux réunit les prisonniers pour leur soumettre son intention de tuer le directeur.

d) Le jury délibère.

e) Claude Gueux brise un verre de montre.

f) Claude Gueux vole une hache.

g) Claude Gueux aide les témoins à exposer les faits.

h) Claude Gueux prononce un discours.

i) Claude Gueux assassine le directeur.

j) Claude Gueux pose un ultimatum au directeur.

k) Albin partage sa ration alimentaire avec Claude Gueux et devient son ami.

l) Le directeur dit à Claude Gueux qu'il l'a séparé d'Albin et refuse de donner une explication.

m) Claude Gueux termine un chapeau de paille destiné à M. Bressier.

n) Le guichetier dit à Claude Gueux qu'Albin a été transféré dans un autre quartier.

o) Claude Gueux donne une pièce de 5 francs en disant « *Pour les pauvres* ».

p) Claude Gueux distribue ses affaires à ses compagnons.

q) Claude Gueux se pourvoit en cassation.

r) Claude Gueux tente de se suicider.

s) Claude Gueux est condamné à mort.

t) Claude Gueux commet un vol.

u) Claude Gueux passe vingt-quatre heures au cachot.

v) Claude Gueux conseille à un jeune détenu d'apprendre à lire.

w) Claude Gueux est condamné à cinq ans de prison.

x) Les témoins ne veulent pas déposer contre leur compagnon.

y) Le pourvoi est rejeté.

2. Associez chaque nom propre de la liste I à une explication de la liste II.

Liste I	Liste II
1. M. Mauguin.	A. L'oracle annonce qu'il tuera son père et épousera sa mère.
2. M. Bressier.	B. Un prisonnier à qui Claude Gueux dit qu'il coupera les barreaux de la prison avec sa paire de ciseaux.
3. M. de Cotadilla.	C. Personnage de la mythologie qui tue ses enfants.
4. Faillette.	D. Un député.
5. Racine.	E. Héroïne tragique qui aime son beau-fils et provoque sa mort.
6. Médée.	F. Un bourgeois de Troyes qui a commandé un chapeau de paille.
7. M. Thiers.	G. Un détenu qui s'aperçoit que Claude Gueux cache quelque chose dans son pantalon.
8. Œdipe.	H. Auteur classique de tragédies.
9. Ferrari.	I. Personne chargée d'escorter Madame Hugo et ses enfants en Espagne.
10. Phèdre.	J. Un député.

3. Parmi les affirmations suivantes, relevez celles qui sont justes et corrigez celles qui sont inexactes.

a) Claude Gueux est d'abord publié dans *La Revue de Paris*.

b) Pierre Carlier fait en sorte que *Claude Gueux* soit adressé aux députés.

c) Victor Hugo pense que la misère est une des causes de la criminalité.

d) Victor Hugo souhaite que l'on supprime la flétrissure.

e) Victor Hugo lutte contre l'illettrisme.

f) On continue de penser aujourd'hui que la forme du crâne détermine l'intelligence.

4. Connaissez-vous bien le vocabulaire de la justice ? Complétez les phrases suivantes.

a) À Troyes, Claude Gueux est jugé par la cour ....

b) Le .... mène l'enquête.

c) Le .... représente l'ordre public.

d) L'...................... fait entrer les témoins.

e) Les témoins .... contre ou en faveur de l'accusé.

f) L'.................. défend l'accusé en prononçant une ....

g) Les .... se retirent pour délibérer puis leur .... est lu à l'accusé.

h) Le condamné peut contester la décision du tribunal : il se .... en ....

Dossier
Bibliocollège

Schéma narratif

Une composition en diptyque*

Comme une fable qui se compose le plus souvent d'un récit et d'une morale, *Claude Gueux* comprend deux parties distinctes et pourtant intimement liées.

Le récit de la vie de Claude Gueux (pages 9 à 60)	La leçon concernant la justice et la société (pages 64 à 73)
Le récit prépare la leçon. • Le personnage est présenté comme exemplaire. • Victor Hugo met en relief les éléments importants. • Certains détails sont symboliques. • Claude Gueux pose lui-même des questions au jury qui sont aussi destinées au lecteur.	*La leçon s'appuie sur le récit.* • Le début et la fin de la leçon rappellent l'histoire de Claude Gueux. • L'histoire de Claude Gueux sert d'illustration aux thèses défendues.

À retenir
diptyque :
tableau en
deux volets.

Un schéma simple au service de l'argumentation

- **Situation initiale**

Claude Gueux vit pauvre mais heureux avec sa compagne et sa fille.

- **Élément perturbateur**

Claude Gueux vole pour nourrir sa famille.

- **Péripéties**

La condamnation à cinq ans de prison.
L'arrivée à la prison de Clairvaux.
L'arrivée d'Albin.
La séparation d'avec Albin.
Le meurtre du directeur.
La tentative de suicide.

- **Élément de résolution**

Le procès.

- **Situation finale**

L'exécution de Claude Gueux.

Le vol pour subsister est à l'origine de l'enchaînement des péripéties et le récit est ainsi mis au service de l'argumentation, qu'il s'agisse du refus de la misère ou de celui de la peine de mort.

Le traitement complexe du temps

Victor Hugo détache certaines scènes de la trame narrative et cette temporalité en accordéon dynamise le récit.

Schéma narratif

Avant le meurtre

Toile de fond : la vie de Claude Gueux avant le vol, la condamnation, l'installation à Clairvaux dans l'atelier dont M. Delacelle est le directeur.
Durée : quelques mois.

Scène : arrivée d'Albin (page 19).
Durée : le temps d'un repas.

Toile de fond : la vie en compagnie d'Albin.
Durée : non définie.

Scène : le départ d'Albin et la réaction de Claude Gueux (page 22).
Durée : une journée.

Toile de fond : Claude Gueux demande chaque jour au directeur de lui rendre Albin.
Durée : non définie.

Scène : Claude Gueux pose un ultimatum au directeur (page 26).
Durée : un soir, le 25 octobre 1831.

Toile de fond : Claude Gueux continue d'avertir le directeur.
Durée : neuf jours.

À retenir
ellipse
temporelle :
saut dans
le temps.

Le meurtre : le 4 novembre 1831

Toile de fond : la matinée sereine de Claude Gueux.

Scène : le vol de la hache (page 34).

T*oile de fond :* ellipse* temporelle sur « le reste de la journée ».

Scène : le tribunal des prisonniers (page 36).

Toile de fond : la reprise du travail.

Scène : le meurtre puis la tentative de suicide (page 43).

Le procès et l'exécution

Toile de fond : guérison de Claude Gueux et préparatifs du procès.
Durée : 4 mois.

Scène : le procès (page 49).
Durée : une journée, le 16 mars 1832.

Toile de fond : le pourvoi en cassation.
Durée : trois mois.

Scène : l'exécution (page 56).
Durée : à 8 heures, le 8 juin 1832.

LE JEU DES PARALLÉLISMES

Le tribunal attentif des prisonniers (pages 36-37).	Le procès bâclé en cour d'assises (pages 49 à 55).
Le meurtre et la tentative de suicide.	L'exécution.

Ces parallélismes visent à faire ressortir la critique de la justice institutionnelle en lui opposant le tribunal des voleurs.

Il était une fois Victor Hugo

Qui ne connaît pas Victor Hugo, n'a pas entendu son nom ou celui d'une de ses œuvres ? Si l'on ne devait retenir qu'un seul nom d'écrivain au XIXe siècle, sans doute serait-ce celui-là !

Né en 1802 à Besançon, cet homme hors du commun a participé aux divers bouleversements politiques et littéraires de son siècle jusqu'en 1885, date de sa mort. Poète romantique, il fut aussi romancier, dramaturge, dessinateur, homme politique... Célèbre très jeune, sa renommée lui a valu d'être enterré au Panthéon et d'être traduit dans de nombreuses langues.

Un enfant dans les tourments du début du XIXe siècle

• Une époque confuse

À retenir
Victor Hugo naît dans une famille désunie.

À l'instabilité des années révolutionnaires succède la période du Consulat marquée par la prise de pouvoir progressive de Napoléon Bonaparte. En 1802, ce dernier est nommé consul à vie ; en 1804, il sera sacré empereur et son règne durera jusqu'à la défaite de Waterloo en 1815. L'année 1802 est aussi celle de la naissance de Victor Hugo. Il est le troisième et dernier garçon de Léopold et de Sophie Hugo. Léopold soutient Napoléon et deviendra général d'Empire en 1809, alors que son épouse demeure attachée à l'ancienne monarchie. Les premières années du jeune Victor se déroulent dans un contexte historique et familial bouleversé. Ses parents ne s'entendent pas et sa mère a une liaison avec le général monarchiste Lahorie. Les enfants sont déchirés, promenés (en Italie et en Espagne) dans une Europe ravagée par les conquêtes napoléoniennes. Le divorce des parents sera prononcé en 1818.

• Un enfant brillant

L'instabilité historique et familiale n'empêche pas Eugène, Abel et Victor Hugo d'être de brillants élèves du lycée Louis-le-Grand à Paris. Victor est un enfant précoce qui parle latin à 10 ans, écrit des poèmes et gagne des prix littéraires. À 14 ans, il affirme haut et fort son ambition (« *Je veux être Chateaubriand ou rien* ») et se destine à une carrière littéraire. Sans doute influencé par sa mère, il soutient la tradition et le parti monarchiste. En 1819, âgé de 17 ans, il fonde avec ses deux frères *Le Conservateur littéraire*, une revue qui se fait l'écho du *Conservateur*, le journal de Chateaubriand. Il y soutient la Restauration et Louis XVIII qui est au pouvoir depuis la défaite de Napoléon.

À retenir
1819 : fondation du *Conservateur littéraire* par Victor Hugo et ses frères.

LE CHEF DE FILE DU MOUVEMENT ROMANTIQUE

• Un jeune homme au service de la tradition

Ayant adopté les choix politiques de sa mère, le jeune Victor défend la tradition et les poèmes qu'il compose vont dans ce sens : son *Ode sur la mort du duc de Berry* (1820) est appréciée par Louis XVIII et Chateaubriand lui-même. Il publie un recueil de poèmes (*Odes et Poésies diverses,* 1822) et un roman (*Hans d'Islande*).

En 1822, il épouse sa voisine et amie d'enfance, Adèle Foucher. Ils auront quatre enfants : Léopoldine (1824), Charles (1826), François-Victor (1828) et Adèle (1830).

• Une révolution littéraire et politique

À partir de 1827, Victor Hugo affirme sa personnalité ainsi que sa maturité littéraire en se démarquant de la tradition qu'il défendait jusque-là. Dans la préface de sa pièce de théâtre *Cromwell*, il rejette l'esthétique des classiques (Corneille, Racine...) et prône le mélange des genres. Le drame romantique est né et la querelle éclate. En 1830, lors de la première représentation de *Hernani*, les partisans des classiques et ceux qui défendent les romantiques en viennent aux mains. C'est la fameuse « bataille d'Hernani » ; elle sacre Victor Hugo chef de file de la génération romantique. Avec *Cromwell* et *Hernani*, on a vu se transformer les critères esthétiques de Victor Hugo ; sa pensée politique évolue également et c'est en 1829 qu'il s'en prend à la peine de mort dans un court récit, *Le Dernier Jour d'un condamné*, réflexion qui sera ensuite approfondie dans *Claude Gueux*, paru en 1834.

Durant ces années, de nombreuses œuvres voient le jour : des recueils de poèmes (*Les Orientales* en 1829, *Les Feuilles d'automne* en 1831), un roman (*Notre-Dame de Paris* en 1831), des pièces de théâtre dont *Ruy Blas* (1838) où la réflexion sur la monarchie devient profondément critique. Cette révolution politique n'empêche pas Victor Hugo d'être élu à l'Académie française en 1841 et de devenir pair de France en 1845.

• Vers une écriture plus intimiste

En même temps que sa pensée politique s'affirme
et que la révolution esthétique fait son chemin,
Hugo fait le choix d'une écriture poétique plus
intimiste dans *Les Voix intérieures* (1837) et *Les Rayons
et les Ombres* (1840). Sans doute est-ce le fruit des
drames personnels que Victor Hugo connaît alors.
En effet, sa femme a une liaison avec un de ses amis,
l'écrivain Sainte-Beuve. Lui-même a des maîtresses
dont Juliette Drouet qui l'accompagnera jusque dans
l'exil. Son frère Eugène décède en 1837. En 1843, lors
d'un voyage qu'il effectue en Espagne, il apprend par
le journal le décès de sa fille Léopoldine et de son
mari. La jeune femme s'est noyée accidentellement
dans la Seine. Cette mort l'affecte tout particulièrement
et constitue un tournant dans son existence.

À retenir
Léopoldine
Hugo meurt
en 1843.

HORS DE FRANCE

• Le proscrit

En 1848, puis à nouveau en 1849, Victor Hugo est élu
député de Paris. Cependant ses positions politiques ne
sont pas claires ; il s'affirme « *libéral, socialiste, dévoué
au peuple* » mais il n'a pas totalement renié son ancien
attachement à la monarchie. Il apporte son soutien
à la candidature de Louis Napoléon Bonaparte. Mais
en 1851, il s'oppose de façon virulente au prince
président dont il pressent les projets et, après le coup
d'État du 2 décembre 1858 (Louis Napoléon Bonaparte
devient Napoléon III), il se réfugie en Belgique.
En janvier 1852, il est proscrit. Son itinéraire de banni
le conduit de la Belgique aux îles Anglo-Normandes.
Il séjourne d'abord à Jersey, puis il se fixe à Guernesey.

• L'exilé

Proscrit jusqu'en 1859, Victor Hugo devient ensuite
un exilé volontaire car il refuse l'amnistie et déclare
qu'il ne reviendra que lorsque son ennemi juré, celui
qu'il surnomme « Napoléon le Petit » pour le distinguer
de Napoléon Ier, aura quitté le pouvoir. L'exil durera
vingt ans. Ce n'est en effet qu'en 1870 que Victor
Hugo regagnera Paris.

À Guernesey, la vie s'organise. Sa famille l'accompagne
et sa maîtresse Juliette Drouet viendra s'installer dans
une maison voisine. La situation financière est difficile
au départ car l'écrivain n'a rien publié depuis la mort
de Léopoldine. Il met en ordre ses notes et fait paraître
à Bruxelles une œuvre poétique très virulente contre
Napoléon III (*Les Châtiments*, 1853), puis, en 1856,
en France, un recueil de poèmes, *Les Contemplations*,
qui obtient un immense succès. L'architecture des
Contemplations présente une existence que la mort
de Léopoldine a partagée en deux moments :
« Autrefois » et « Aujourd'hui » sont les deux parties
de ce recueil. Victor Hugo, dans la maison qu'il
a pu acheter à Guernesey, partage son temps entre
écriture, décoration de « Hauteville-House », réception
de ses amis. De nombreuses œuvres sont le fruit
de cet exil : *La Légende des siècles* (1859), *Les Misérables*
(1862) qui poursuivent, avec le personnage de Jean
Valjean notamment, la réflexion initiée dans *Claude
Gueux*, *Les Travailleurs de la mer* (1866), *L'Homme
qui rit* (1869).

Mais la fin de l'exil est marquée par des événements
douloureux : fuite d'Adèle à la poursuite d'un officier
dont elle est tombée amoureuse, départ de ses fils,
décès du premier de ses petits-enfants, puis mort
de sa femme en 1868.

**Photographie de Victor Hugo
par Félix Tournachon, dit Nadar.**

LE RETOUR À PARIS

Le 5 septembre 1870, après la proclamation de la République, Victor Hugo rentre à Paris. Son prestige et sa longue absence lui confèrent un rôle d'arbitre. Mais, bien qu'élu député puis sénateur, il a du mal à trouver sa place dans la vie politique et c'est par la littérature qu'il s'exprime le plus efficacement (*L'Année terrible* en 1872, *Quatre-vingt-treize* en 1874, la suite de *La Légende des siècles* en 1877 et en 1883). Il se bat pour l'amnistie politique des communards et défend, comme déjà dans *Claude Gueux* ou *Les Misérables*, les faibles contre la puissance des riches. Il demeure l'idole du public mais a l'impression de ne pas être écouté. « *Je suis un guide échoué* », dit-il avec beaucoup d'amertume. Les quinze dernières années de la vie de Victor Hugo sont également marquées par des événements familiaux douloureux. Ses fils Charles et Eugène décèdent en 1871 et 1872. Sa fille Adèle est internée pour des troubles mentaux en 1882. Sa maîtresse Juliette Drouet meurt en 1883. Il trouve quelques consolations auprès de ses petits-enfants Georges et Jeanne (*L'Art d'être grand-père*, 1877).

Victor Hugo décède le 22 mai 1885. Des obsèques nationales seront célébrées le 1er juin. Sa dépouille est portée au Panthéon dans le corbillard des pauvres comme il l'avait souhaité pour affirmer une dernière fois ses profondes convictions : « *Je donne cinquante mille francs aux pauvres. Je désire être porté au cimetière dans leur corbillard. Je refuse l'oraison de toutes les églises. Je demande une prière à toutes les âmes. Je crois en Dieu.* »

Victor Hugo dans l'histoire du XIXe siècle

Victor Hugo est né en 1802 et il est mort en 1885.
Né d'un père général d'Empire et d'une mère qui
soutient l'Ancien Régime, il voit le jour au cœur même
des conflits de la période post-révolutionnaire.
Il connaît différents régimes politiques et s'engage
très jeune dans la vie de son époque en adoptant
des positions qui vont évoluer au cours du
temps. Le XIXe siècle est une période de grands
bouleversements politiques et esthétiques.

UN SIÈCLE DE BOULEVERSEMENTS POLITIQUES

• **Quelques repères**

1789-1795 : Révolution.

1795-1799 : **Directoire**.
Le régime repose sur la Constitution de l'an III.

1799-1804 : **Consulat**.
Un coup d'État marque le début de ce régime dans
lequel la France est dirigée par trois consuls. Mais
le premier consul, Bonaparte, détient réellement
le pouvoir.

1804-1815 : **Premier Empire**.
Le 18 mai 1804, le Premier consul Napoléon Bonaparte
se fait sacrer empereur. Il abdique une première fois
en 1814 puis revient en 1815 (les Cent-Jours) avant
de renoncer définitivement au pouvoir en juin 1815.
Il meurt en 1821.

> **À retenir**
> Différents régimes politiques se succèdent au XIXe siècle.

Victor Hugo dans l'histoire du XIXe siècle

1815-1830 : **Restauration**.
Deux rois se succèdent : Louis XVIII (1814-1815, 1815-1824) et Charles X (1824-1830).
1830-1848 : **monarchie de Juillet**.
Après les journées troublées de juillet 1830 débute le règne de Louis-Philippe.
1848-1851 : **IIe République**.
Le prince Louis Napoléon Bonaparte est élu président en 1848.
1851-1870 : **Second Empire**.
Napoléon III abdique en 1870, suite à la défaite de Sedan (guerre franco-allemande de 1870).
1870-1940 : **IIIe République**.

Paris à la fin du XIXe siècle : la porte Saint-Martin.

• Un apport considérable de l'Empire : les institutions judiciaires

Napoléon Iᵉʳ n'est pas seulement un général qui livre bataille ; il est aussi celui qui a réformé en profondeur le système judiciaire français. La justice sous l'Ancien Régime varie selon les provinces et elle manque de rigueur. Napoléon affirme son intention d'écrire la loi afin qu'elle soit claire et connue de tous. Il s'entoure de trois juristes pour réaliser cette œuvre essentielle qui sert de base à notre système actuel et qui a inspiré de nombreux pays comme l'Italie, l'Espagne ou le Portugal.

À retenir
Napoléon Iᵉʳ entreprend la refonte du système judiciaire français.

Différents codes sont promulgués : le Code civil en 1804, le Code du commerce (1807), le Code d'instruction criminelle (1808) qui régit les cours d'assises, le Code pénal (1810). Selon sa gravité, l'acte criminel est jugé d'une manière spécifique : les contraventions relèvent du tribunal de police, les délits du tribunal correctionnel et de la cour d'appel, les crimes de la cour d'assises.

• Au temps de Claude Gueux : la monarchie de Juillet

Après la lourde défaite de Napoléon à Waterloo le 18 juin 1815, la Restauration, c'est-à-dire le retour à l'Ancien Régime, est confortée. Les Bourbons reviennent au pouvoir. En 1834, date de l'écriture de *Claude Gueux*, c'est Louis-Philippe qui est au pouvoir. Si la France, après la Révolution et la période de l'Empire devenue presque légendaire, voit revenir un régime monarchique, qu'on ne s'y trompe pas : il ne s'agit pas d'une monarchie absolue comme celle que Louis XIV avait inaugurée

À retenir
Les rois de la Restauration n'exercent pas un pouvoir absolu comme ceux de l'Ancien Régime.

au XVIIe siècle, mais d'une monarchie parlementaire qui a pris en compte les avancées révolutionnaires. Et lorsque Charles X, en 1830, tente de revenir à un pouvoir plus fort, en restreignant notamment la liberté de la presse et le droit de vote, Paris se soulève pendant trois jours. Les « Trois Glorieuses » (journées du 27 au 29 juillet 1830) poussent Charles X à abdiquer. Le duc d'Orléans, qui lui succède sous le nom de Louis-Philippe, devient le « roi des Français ».

UN BOULEVERSEMENT ESTHÉTIQUE : LE ROMANTISME

• La naissance d'un mouvement

À retenir
Les romantiques rejettent les règles esthétiques des classiques.

Dans cette société en mouvement, les écrivains ont du mal à se situer. Certains, admirateurs de Napoléon, ne parviennent pas à se repérer dans le monde sans idéal glorieux de la Restauration. C'est le « mal du siècle », un malaise exprimé par des poètes comme Musset ou Lamartine. Victor Hugo, lui, affirme son attachement à la tradition monarchique, comme le rappelle le titre même de la revue qu'il fonde avec ses frères, *Le Conservateur littéraire*. Mais ses positions esthétiques, comme sa pensée politique, évoluent et il devient le chef de file du mouvement romantique. Ainsi, il rejette la rigueur des règles du classicisme (esthétique du XVIIe siècle qui sert encore de modèle au XVIIIe siècle). Dans la Préface de *Cromwell* (1827), Victor Hugo prône, pour le théâtre, le mélange des genres. Les querelles littéraires sont vives et le renouveau des formes ne se fait pas dans le calme, comme en témoigne la célèbre « bataille » qui eut lieu lors de la première

représentation de la pièce de Victor Hugo *Hernani*
(1830).

Le romantisme est un mouvement qui nous vient
d'Allemagne et Chateaubriand, que Victor Hugo
admirait beaucoup *(« être Chateaubriand ou rien »)*,
est considéré comme un préromantique.

• Les principales caractéristiques du romantisme

Le rejet des règles et des contraintes du classicisme
est un des éléments fondateurs du romantisme. Mais
ce n'est pas le seul, bien sûr, car on ne saurait définir
un mouvement uniquement par ses refus. L'écrivain
romantique parle de lui, de ses sentiments ; le monde
lui-même ne se définit plus alors que par rapport
à sa propre personne. Ainsi, Alphonse de Lamartine
voit dans l'automne un miroir de sa tristesse.
L'imagination devient une valeur essentielle mais,
en même temps, les romanciers disent vouloir
représenter la société de leur époque.

À retenir
L'individu et
ses sentiments
sont situés
au cœur des
préoccupations
romantiques.

• Romantisme et réalisme

Le mouvement réaliste s'insurge contre les excès des
romantiques mais ce sont parfois les mêmes écrivains
qui appartiennent aux deux tendances, comme
si le réalisme naissait de la volonté des romantiques
d'évoquer la nature humaine dans toute sa richesse
et tous ses contextes. Ainsi, Victor Hugo, tout
en donnant à ses œuvres romanesques une portée
symbolique et argumentative, manifeste son souci
de peindre la réalité. Un fait divers bien réel n'est-il
pas en effet le point de départ de *Claude Gueux* ?

À retenir
Les écrivains
réalistes
cherchent
à peindre
la réalité.

Claude Gueux : à la croisée de plusieurs genres

Autant il est aisé de dire des *Misérables* qu'il s'agit d'un roman, autant la question du genre est épineuse quand on évoque *Claude Gueux*. Ce n'est pas étonnant chez un auteur qui affirme s'affranchir des règles et des genres imposés par le classicisme. En effet, Victor Hugo, brandissant Shakespeare comme modèle, refuse que la littérature soit compartimentée en genres. Son théâtre est la vivante illustration du mélange des genres qu'il prône. Les actions sont complexes ; le comique côtoie le tragique ; c'est la leçon que Musset met en pratique dans sa pièce *Lorenzaccio* (1834) et c'est ce que retiendra également Edmond Rostand quand, en 1897, il écrira *Cyrano de Bergerac*. Ce qui est vrai pour le théâtre avec le drame romantique l'est aussi pour les formes narratives. Ainsi, de longs discours explicatifs, comme celui sur l'argot de Paris, viennent s'inscrire dans la trame romanesque des *Misérables*. Et *Claude Gueux* ne saurait être enfermé dans une définition unique.

LA QUESTION DES DISCOURS

Indépendamment de la question du genre qui est celle d'une classification littéraire, se pose celle, plus simple, de l'identification du discours. Rappelons que l'on distingue, selon la fonction du texte, différents types de discours qui ne se limitent pas à la littérature : le discours descriptif qui donne une image d'une personne ou d'un objet, le discours explicatif,

le discours narratif, le discours argumentatif. C'est
à la confluence de ces deux derniers types de discours
que se situe *Claude Gueux*.

On peut d'abord se baser sur la composition
de l'œuvre. Les premières lignes posent un cadre
spatio-temporel (« *il y a sept ou huit ans* », « *à Paris* »)
et donnent le nom du personnage principal : nous
entrons dans le récit. Différents indices temporels
jalonnent le texte et marquent le déroulement
chronologique d'une histoire qui mène Claude Gueux
de son arrestation pour vol à son exécution pour
meurtre. À partir de la page 64, le discours narratif fait
place à un discours argumentatif. « *Nous avons cru
devoir raconter en détail l'histoire de Claude Gueux, parce
que, selon nous, tous les paragraphes de cette histoire
pourraient servir de têtes de chapitre au livre où serait
résolu le grand problème du peuple au XIXe siècle.* »
Victor Hugo s'adresse directement à son lecteur pour
l'amener à réfléchir (« *Réfléchissez* ») et dépasser
le cas particulier qui a été exposé dans la première
partie de l'œuvre. Une page de transition introduit
un passage composé deux ans auparavant et remanié
pour être ajouté au récit. Victor Hugo s'en prend aux
parlementaires et développe une réflexion quant
au système des peines et à la misère sociale qui est,
selon lui, la principale cause des crimes. Ainsi, un
discours argumentatif fait suite au discours narratif
tout en prenant appui sur l'histoire qui a été racontée.
Mais cette composition n'est pas simple et l'on aurait
tort d'opposer les deux parties de l'œuvre. Le discours
narratif véhicule lui aussi une leçon, et l'histoire
proprement dite de Claude Gueux a une portée

**Ouvriers dans une usine
de fabrication de carreaux au XIXᵉ siècle.
Gravure extraite du livre *Les Grandes Usines* (1868).**

argumentative indépendamment de la leçon théorique qui la suit. Il peut s'agit de leçons ponctuelles comme celle qui découle du portrait du directeur des ateliers : « *il y a par le monde beaucoup de ces petites fatalités têtues qui se croient des providences* » et qui peuvent être à la source d'« *une catastrophe privée ou publique* ». Mais c'est surtout le point de vue de Victor Hugo sur Claude Gueux, sur sa personnalité et sur son destin qui alimente une critique implicite du système judiciaire et une dénonciation de la misère. Claude Gueux, « *cet homme qui ne savait pas lire* » et qui « *était doux, poli, choisi comme un lettré* » est présenté comme une victime de la misère ; les moments qui séparent sa condamnation à mort de son exécution lui donnent une dimension quasi christique, et, lorsque le lecteur voir la religieuse pleurer ou le supplier de se pourvoir en cassation, il comprend que la peine infligée est monstrueuse. La cause que Victor Hugo défendra explicitement dans le discours adressé aux parlementaires apparaît également en filigrane du récit. Lorsque Claude Gueux a pris sa décision de tuer le directeur des ateliers, il rencontre un jeune détenu : « *Il aborda un jeune condamné de seize ans qui bâillait dans le promenoir, et lui conseilla d'apprendre à lire.* » Le discours narratif prépare la leçon qui va suivre et a lui-même une visée argumentative.

LE GENRE DE L'ŒUVRE

La notion de genre, à la différence de la notion de discours, renvoie à des catégories littéraires et permet de situer une œuvre particulière par rapport aux œuvres qui l'ont précédée. Dans cette perspective, la première question soulevée est celle de la vérité et de la fiction.

• Récit véridique ou fiction ?

Victor Hugo reprend un fait divers réel. Claude Gueux a bel et bien existé. En 1829, âgé de 25 ans, il vole un cheval avec l'intention de le revendre et il est condamné à huit années de prison. À la centrale de Clairvaux, il fait la connaissance d'Albin Legrand. Séparé de son ami par le gardien chef Delacelle, il tue ce dernier avec une hache, tente de se suicider avec une paire de ciseaux en novembre 1831 ; son procès fait grand bruit en 1832 ; il est exécuté le 1er juin de la même année. Le récit de Victor Hugo s'appuie bien sur des faits réels et il le souligne d'ailleurs lui-même à plusieurs reprises.

Mais Victor Hugo, tout en respectant la trame véridique et même les détails du crime, apporte sur l'affaire un éclairage particulier. D'abord, le nom du personnage : parmi les multiples identités du criminel, il y a bien celle de Claude Gueux que Victor Hugo érige en symbole de la misère. Les premières pages de l'œuvre insistent sur la misère de l'homme et laissent volontairement de côté le fait qu'il était multirécidiviste. Par ailleurs, la liaison probablement homosexuelle du personnage avec Albin est transformée en une amitié paternelle et l'on a du mal à croire, en lisant *Claude Gueux*, que le personnage principal n'ait eu que 25 ans au moment de son emprisonnement à Clairvaux.

Claude Gueux : à la croisée de plusieurs genres

• Une nouvelle ?

La brièveté de l'œuvre nous fait écarter l'appellation
de roman. Pourquoi ne pas retenir alors celle
de nouvelle ? Le resserrement de l'action sur deux
personnages principaux (Claude Gueux et le directeur),
autour desquels gravitent de manière plus indistincte
les différents détenus, nous invite à le faire, tout
comme le resserrement temporel et le jeu des ellipses
qui permettent de mettre en relief certaines scènes
significatives. C'est possible si on laisse de côté
la dimension véridique du texte pourtant revendiquée
par l'auteur.

• Un apologue ?

La construction de l'œuvre en deux parties nous
rappelle la composition traditionnelle des contes
et des fables. Le récit véhicule en lui-même une leçon ;
il est suivi par une « moralité » qui élargit le cas
particulier préalablement exposé pour donner
explicitement le sens de l'œuvre. Cette démarche
de l'apologue est bien celle de *Claude Gueux*.
Cependant, on ne retrouve pas chez Victor Hugo,
si ce n'est dans le nom modifié du personnage
principal, la simplification symbolique des personnages
que l'on trouve chez Perrault ou chez La Fontaine.
Il est ainsi difficile de mettre une étiquette générique
sur ce court récit de Victor Hugo et sans doute son
auteur, qui prônait le mélange des genres,
ne le souhaitait-il pas lui-même. Toutefois, on retiendra
justement le choix de la combinaison des discours et
des genres. Les discours argumentatif et narratif
se croisent, tout comme se rencontrent les genres
du récit véridique, de la nouvelle et de l'apologue.

Quelques repères : les châtiments d'hier à nos jours

Dans *Claude Gueux*, un homme est condamné à cinq années de prison pour avoir volé afin de nourrir sa famille. Il sera ensuite condamné à mort pour avoir froidement assassiné le directeur des ateliers qui le persécutait.

Victor Hugo évoque d'autres châtiments dans son réquisitoire contre la peine de mort qui achève le récit : le bagne, la flétrissure. Toute société suppose qu'un ordre soit maintenu et que les manquements à cet ordre soient sanctionnés. C'est ensuite que se pose la question difficile et jamais définitivement résolue du choix de la peine, le châtiment capital étant au cœur du débat.

LA BIBLE

À retenir
La Bible, qui sert longtemps de référence à la pensée occidentale, pose déjà la question du choix des châtiments.

Souvent, la réflexion sur le choix des peines à appliquer se nourrit de références à la Bible.
Dans l'Ancien Testament, Dieu est sévère ; il n'hésite pas à punir de mort ceux qui se détournent de sa loi. Par exemple, c'est parce que Dieu juge que les hommes ne sont pas bons qu'il provoque le déluge. Noé et sa famille, réfugiés dans l'arche, seront les seuls survivants car ce sont les seuls justes. Dans la société des hommes, c'est la loi du talion qui s'applique : « Œil pour œil, dent pour dent. » Celui qui a subi une offense ne se fait pas justice lui-même et c'est la loi qui fixe une peine proportionnelle au crime commis.

Le Dieu du Nouveau Testament est un Dieu bon :
il privilégie le pardon, à l'image du père accueillant
généreusement son fils qui l'avait quitté pour mener
une vie dissolue. Au moment de sa mort, Jésus
demande à Dieu de pardonner aux hommes qui
le crucifient. À la loi du talion se substitue le pardon.
Le Dieu du Nouveau Testament invite à tendre la joue
gauche si l'on vous frappe sur la joue droite, au lieu
de rendre le mal pour le mal. C'est dans cette
perspective chrétienne que Victor Hugo se situe.

LE XVIIᴱ SIÈCLE

• Un pouvoir absolu

Le XVIIᵉ siècle est marqué par le règne de Louis XIV qui,
succédant à Louis XIII, musele la noblesse et gouverne
en monarque absolu. Il est roi de droit divin, ce qui
signifie qu'il tient son pouvoir de Dieu et que tous
ses sujets lui doivent entière obéissance.

• La justice

La justice n'est pas dissociée du pouvoir politique.
Aujourd'hui, les pouvoirs législatif (formulation des
lois), exécutif (application des lois) et judiciaire sont
dissociés. Ce n'est pas le cas sous l'Ancien Régime.
Sur décision du roi, un homme peut être emprisonné
sans passer devant un tribunal. C'est le principe des
lettres de cachet. D'autres personnages peuvent user
de ces lettres signées par le roi, sur lesquelles ils
peuvent apposer un nom.
En Angleterre, depuis 1679, une loi stipule que toute
personne arrêtée doit être présentée devant un juge
dans les trois jours qui suivent son arrestation : c'est

À retenir
Le pouvoir
judiciaire
dépend des
pouvoirs
exécutif
et législatif
incarnés
par le roi.

l'*habeas corpus*. Cette expression latine (qui veut dire littéralement « que tu aies un corps ») débute l'adresse au geôlier en lui demandant de se présenter avec le détenu (son « corps ») devant le tribunal pour que son cas soit examiné. Les philosophes des Lumières (XVIIIᵉ siècle) critiqueront la justice française en se référant à ce modèle anglais.

• Un embryon de critique

La censure est lourde sous l'Ancien Régime et les écrivains ne peuvent pas s'exprimer librement. Cyrano de Bergerac imagine la société des « États et Empires de la Lune », ce qui lui permet de déguiser ses critiques pourtant acerbes. Jean de La Fontaine critique les institutions et notamment la justice dans certaines de ses fables. C'est le cas par exemple des fables *Le Loup et l'Agneau* ou *Les Animaux malades de la peste*. Le recours à la fiction animalière permet de véhiculer un message en contournant la censure.

À retenir
Certains écrivains contournent la censure afin de remettre en cause le système judiciaire.

LE XVIIIᵉ SIÈCLE EUROPÉEN : LE SIÈCLE DES LUMIÈRES

À retenir
Les philosophes européens des Lumières demandent que soit repensé le système des peines.

Le XVIIIᵉ siècle est le siècle de la raison et de la critique. Les philosophes de Lumières s'en prennent au pouvoir absolu et aux institutions. La censure exerce toujours son contrôle mais les écrivains savent la contourner en recourant notamment à la fiction. Voltaire, par exemple, remet en cause une justice expéditive dans ses contes *Zadig* (1747), *Candide* (1759) et *L'Ingénu* (1767). Montesquieu, dans *De l'esprit des lois* (1748), demande la séparation des pouvoirs législatif, exécutif et judiciaire. En Italie, Beccaria, dans *Des délits et des peines* (1764), plaide pour l'abolition de la peine de mort. Le débat est ouvert et c'est en 1786 que le roi Léopold III supprime la peine de mort en Toscane. Elle sera réintroduite quelques années plus tard mais guère appliquée. Durant la même période, la peine de mort est abolie en Autriche (1787) puis réintroduite pour les crimes de haute trahison.

On pourrait croire que la Révolution française, qui a marqué une étape décisive dans l'évolution des régimes politiques en Europe, ferait date dans l'histoire de l'abolition de la peine de mort. Il n'en est rien, bien au contraire. On ne note qu'un « progrès technique » : l'apparition de la guillotine qui permet une mort instantanée.

Bagnards à Brest. Gravure sur bois du XIXe siècle.

LE DÉBAT DES XIXᵉ ET XXᵉ SIÈCLES

Au XIXᵉ siècle, le débat ouvert par Beccaria se poursuit. Pour preuves les deux textes que Victor Hugo fait paraître en 1829 et 1834, *Le Dernier Jour d'un condamné* et *Claude Gueux*. Le chef de file de la jeune école romantique s'y révèle un écrivain engagé dans les grands débats de son temps et farouchement opposé à la peine de mort. De manière plus générale, Victor Hugo milite pour une réforme du système des peines et pour une réflexion sur les causes sociales de la délinquance. Dans *Les Misérables* (1862), sa réflexion se poursuit et son engagement reste toujours le même.

Dans le monde, un certain nombre de pays abolissent la peine de mort. Il arrive qu'ils reviennent sur leur décision pendant quelques années mais, dans ce cas, la peine capitale est peu utilisée. L'Italie la supprime en 1860, la Grèce en 1862, le Portugal en 1866, les Pays-Bas en 1870. On peut aussi mentionner certains États des États-Unis et de nombreux pays en Amérique du Sud.

Si la première moitié du XXᵉ siècle est plutôt marquée par un durcissement des peines, la période qui suit la Seconde Guerre mondiale voit se poursuivre le débat. La peine de mort est abolie en Allemagne en 1949, en Angleterre en 1970, en France en 1981. Mais l'on n'oublie pas que les régimes totalitaires ont causé la mort de millions de détenus et que les jugements, quand ils avaient lieu, n'étaient que des simulacres de procès.

ET AUJOURD'HUI ?

En 2004, plus de cinq mille personnes ont été exécutées dans le monde.

Encore aujourd'hui, de nombreux pays ont recours à la peine de mort : certains États des États-Unis tels le Texas ou la Virginie, certains pays d'Asie comme la Chine (plus de 1 500 exécutions en 2005) ou l'Inde...

Depuis 2002, année du premier Congrès mondial contre la peine de mort qui s'est tenu à Strasbourg, une journée est chaque année l'occasion de manifestations dans le monde.

La torture est également une pratique courante dans de nombreux pays encore aujourd'hui.

À retenir
La peine de mort est encore en vigueur dans certains pays ou États.

Groupement de textes :
Crimes et châtiments

Claude Gueux a volé pour nourrir sa famille et il est condamné à cinq années de détention ; harcelé par le directeur des ateliers, il le tue et le voilà condamné à mort et exécuté. Victor Hugo reprend et amplifie un fait divers pour remettre en cause le système judiciaire, prendre la défense des condamnés et chercher dans la misère sociale les causes de la criminalité. Le problème sera à nouveau soulevé dans *Les Misérables* avec le personnage de Jean Valjean, un homme envoyé au bagne pour un crime aussi dérisoire que celui de Claude Gueux. Victor Hugo n'est pas le premier à s'engager et à prendre position dans ce débat sur les châtiments. La Fontaine dans *Le Loup et l'Agneau*, au XVIIe siècle, remettait en cause une justice liée au pouvoir absolu, et Voltaire, au XVIIIe siècle, s'est engagé dans ses contes comme à l'occasion d'affaires aussi célèbres que celle de Jean Calas. La question, inhérente à toute société, de la justice et du rapport à définir entre le crime et le châtiment traverse les siècles et les œuvres littéraires. La Bible sur laquelle se fonde notre pensée occidentale a alimenté une réflexion qui sous-tend nombre de positions et de choix. Victor Hugo, dans *Claude Gueux* comme dans *Le Dernier Jour d'un condamné*, centre le débat sur la question de la peine de mort qui est encore, dans notre monde contemporain, à l'ordre du jour. Les textes qui suivent proposent une réflexion sur la question des châtiments, qu'il s'agisse d'une critique

des institutions comme chez Voltaire, d'une analyse
du fonctionnement de la justice telle que Camus la propose,
d'une prise de position dans le contexte d'un débat
à l'Assemblée nationale (voir le discours de Robert Badinter,
page 123) ou de la confrontation de deux conceptions
religieuses.

LA BIBLE, LIVRE DE L'EXODE, LA « LOI DU TALION »

On a l'habitude de penser que l'Ancien Testament exprime
l'impitoyable justice de la « loi du Talion » : « Œil pour œil, dent
pour dent. » On trouve plusieurs références à cette loi dans les
livres du Pentateuque, dont celui de l'Exode, et il en a souvent
été fait une lecture littérale débouchant sur une pratique
cruelle. Mais l'on peut lire également dans ce texte une
volonté d'encadrer les pratiques individuelles de la justice
dans une règle collective. Et l'on voit aussi qu'il est question
de compensation et que la peine ne correspond pas toujours
exactement au crime commis.

> Et quand des hommes s'empoigneront et heurteront une femme
> enceinte, et que l'enfant naîtra sans que malheur arrive, il faudra
> indemniser comme l'imposera le mari de la femme et payer par
> arbitrage. Mais si malheur arrive, tu paieras vie pour vie, œil pour
> œil, dent pour dent, main pour main, pied pour pied, brûlure
> pour brûlure, blessure pour blessure, meurtrissure pour meurtrissure.
> Et quand un homme frappera l'œil de son serviteur ou l'œil
> de sa servante et l'abîmera, il les laissera aller libres, en compensation de leur œil. Et si c'est une dent de son serviteur ou une dent
> de sa servante, il les laissera aller libres, en compensation de leur
> dent.

Et quand un bœuf frappera mortellement de la corne un homme ou une femme, le bœuf sera lapidé[1] et on n'en mangera pas la chair, mais le propriétaire du bœuf sera quitte. Par contre, si le bœuf avait déjà auparavant l'habitude de frapper, que son propriétaire, après avertissement, ne l'ait pas surveillé et qu'il ait causé la mort d'un homme ou d'une femme, le bœuf sera lapidé, mais son propriétaire, lui aussi, sera mis à mort. Si on lui impose une rançon, il donnera en rachat de sa vie tout ce qu'on lui imposera.

L'Exode, **21**, 22-30.
Texte biblique extrait de la Traduction Œcuménique de la Bible
© Société biblique française-Éditions du Cerf, 1988, avec autorisation.

La Bible, l'Évangile de Jean, la femme adultère

La conception de la justice dans le Nouveau Testament diffère de celle de l'Ancien Testament, et le passage le plus significatif est sans doute celui de la femme adultère. Les Pharisiens, qui sont des notables, veulent mettre Jésus à l'épreuve et l'amener à prendre position par rapport à la loi juive en vigueur.
Le récit vient souligner la dimension collective de la justice et la réponse de Jésus vient désamorcer un processus de sacrifice au nom d'une loi commune.

Et Jésus gagna le mont des Oliviers. Dès le point du jour, il revint au temple et, comme tout le peuple venait à lui, il s'assit et se mit à enseigner. Les scribes[2] et les Pharisiens[3] amenèrent alors une femme qu'on avait surprise en adultère et ils la placèrent au milieu du groupe. « Maître, lui dirent-ils, cette femme a été prise

notes

1. *lapidé :* tué par jets de pierres.
2. *scribes :* ceux qui écrivent, les savants.
3. *Pharisiens :* Juifs qui connaissent parfaitement et respectent scrupuleusement la Loi juive.

en flagrant délit[1] d'adultère. Dans la Loi[2], Moïse[3] nous a prescrit de lapider ces femmes-là. Et toi, qu'en dis-tu ? » Ils parlaient ainsi dans l'intention de lui tendre un piège, pour avoir de quoi l'accuser. Mais Jésus, se baissant, se mit à tracer du doigt des traits sur le sol. Comme ils continuaient à lui poser des questions, Jésus se redressa et leur dit : « Que celui qui n'a jamais péché[4] lui jette la première pierre. » Et s'inclinant à nouveau, il se remit à tracer des traits sur le sol. Après avoir entendu ces paroles, ils se retirèrent l'un après l'autre, à commencer par les plus âgés, et Jésus resta seul. Comme la femme était toujours là, au milieu du cercle, Jésus se redressa et lui dit : « Femme, où sont-ils donc ? Personne ne t'a condamnée ? » Elle répondit : « Personne, Seigneur » et Jésus lui dit : « Moi non plus, je ne te condamne pas : va, et désormais ne pèche plus. »

Évangile selon saint Jean, **8**, 1-11.
Texte biblique extrait de la Traduction Œcuménique de la Bible
© Société biblique française-Éditions du Cerf, 1988, avec autorisation.

VICTOR HUGO, *LE DERNIER JOUR D'UN CONDAMNÉ* (1829)

Pour rendre sensible au lecteur la cruauté de la peine de mort, Victor Hugo imagine le journal intime d'un condamné dont on ne connaît pas le crime. Le passage suivant est la première page de l'œuvre.

Bicêtre.
Condamné à mort !
Voilà cinq semaines que j'habite avec cette pensée, toujours seul avec elle, toujours glacé de sa présence, toujours courbé sous son poids !

notes

1. prise en flagrant délit : prise sur le fait, de façon incontestable.
2. la Loi : la Thora, la loi juive.
3. Moïse : prophète qui reçut de Dieu les Tables de la Loi.
4. péché : commis de mauvaises actions.

**Lithographie d'Honoré Daumier
parue dans le journal *La Caricature* du 14 mai 1835.**

Autrefois, car il me semble qu'il y a plutôt des années que des semaines, j'étais un homme comme un autre homme. Chaque jour, chaque heure, chaque minute avait son idée. Mon esprit, jeune et riche, était plein de fantaisies. Il s'amusait à me les dérouler les unes après les autres, sans ordre et sans fin, brodant d'inépuisables arabesques cette rude et mince étoffe de la vie. C'étaient des jeunes filles, de splendides chapes[1] d'évêque, des batailles gagnées, des théâtres pleins de bruit et de lumière, et puis encore des jeunes filles et de sombres promenades la nuit sous les larges bras des marronniers. C'était toujours fête dans mon imagination. Je pouvais penser à ce que je voulais, j'étais libre.

note

1. chapes : manteaux.

Maintenant je suis captif. Mon corps est aux fers[1] dans un cachot, mon esprit est en prison dans une idée. Une horrible, une sanglante, une implacable idée ! Je n'ai plus qu'une pensée, qu'une conviction, qu'une certitude : condamné à mort !

Quoi que je fasse, elle est toujours là, cette pensée infernale, comme un spectre de plomb à mes côtés, seule et jalouse, chassant toute distraction, face à face avec moi misérable, et me secouant de ses deux mains de glace quand je veux détourner la tête ou fermer les yeux.

Elle se glisse sous toutes les formes où mon esprit voudrait la fuir, se mêle comme un refrain horrible à toutes les paroles qu'on m'adresse, se colle avec moi aux grilles hideuses de mon cachot ; m'obsède éveillé, épie mon sommeil convulsif[2], et reparaît dans mes rêves sous la forme d'un couteau.

Je viens de m'éveiller en sursaut, poursuivi par elle et me disant : — Ah ! ce n'est qu'un rêve ! — Hé bien ! avant même que mes yeux lourds aient eu le temps de s'entrouvrir assez pour voir cette fatale pensée écrite dans l'horrible réalité qui m'entoure, sur la dalle mouillée et suante de ma cellule, dans les rayons pâles de ma lampe de nuit, dans la trame grossière de la toile de mes vêtements, sur la sombre figure du soldat de garde dont la giberne[3] reluit à travers la grille du cachot, il me semble que déjà une voix a murmuré à mon oreille : — Condamné à mort !

Victor Hugo, *Le Dernier Jour d'un condamné*, 1829.

PRÉFACE DE VICTOR HUGO POUR *LE DERNIER JOUR D'UN CONDAMNÉ* (1832)

En 1832, Victor Hugo fait paraître à nouveau *Le Dernier Jour d'un condamné*. Dans la Préface de cette courte œuvre de fiction,

notes

1. **est aux fers :** est emprisonné par des chaînes de fer.

2. **convulsif :** agité, plein de convulsions.

3. **giberne :** boîte à cartouches du soldat.

il s'en prend à la peine de mort en répondant aux objections
que pourraient lui faire les défenseurs de la peine capitale.

Voilà assez de faits. En voilà trop. Est-ce que tout cela n'est pas
horrible ? Qu'avez-vous à alléguer pour la peine de mort ?

Nous faisons cette question sérieusement : nous la faisons pour
qu'on y réponde ; nous la faisons aux criminalistes, et non aux
lettrés bavards. Nous savons qu'il y a des gens qui prennent
l'excellence de la peine de mort pour texte à paradoxe comme
tout autre thème. Il y en a d'autres qui n'aiment la peine de mort
que parce qu'ils haïssent tel ou tel qui l'attaque. C'est pour eux
une question quasi littéraire, une question de personnes, une
question de noms propres. Ceux-là sont les envieux, qui ne font
pas plus faute aux bons jurisconsultes qu'aux grands artistes. Les
Joseph Grippa ne manquent pas plus aux Filangieri que les Torre-
giani aux Michel-Ange et les Scudéry aux Corneille.

Ce n'est pas à eux que nous nous adressons, mais aux hommes
de loi proprement dits, aux dialecticiens, aux raisonneurs, à ceux
qui aiment la peine de mort pour la peine de mort, pour sa beauté,
pour sa bonté, pour sa grâce.

Voyons, qu'ils donnent leurs raisons.

Ceux qui jugent et qui condamnent disent la peine de mort
nécessaire. D'abord, — parce qu'il importe de retrancher
de la communauté sociale un membre qui lui a déjà nui et qui
pourrait lui nuire encore. — S'il ne s'agissait que de cela, la prison
perpétuelle suffirait. À quoi bon la mort ? Vous objectez qu'on
peut s'échapper d'une prison ? faites mieux votre ronde. Si vous
ne croyez pas à la solidité des barreaux de fer, comment osez-vous
avoir des ménageries ?

Pas de bourreau où le geôlier suffit.

Mais, reprend-on, — il faut que la société se venge, que la société
punisse. — Ni l'un, ni l'autre. Se venger est de l'individu, punir est
de Dieu.

La société est entre deux. Le châtiment est au-dessus d'elle,
la vengeance au-dessous. Rien de si grand et de si petit ne lui sied.
Elle ne doit pas « punir pour se venger » ; elle doit corriger pour
améliorer. Transformez de cette façon la formule des criminalistes, nous la comprenons et nous adhérons.

Reste la troisième et dernière raison, la théorie de l'exemple. – Il faut faire des exemples ! il faut épouvanter par le spectacle du sort réservé aux criminels ceux qui seraient tentés de les imiter ! – Voilà bien à peu près textuellement la phrase éternelle dont tous les réquisitoires des cinq cents parquets de France ne sont que des variations plus ou moins sonores. Eh bien ! nous nions d'abord qu'il y ait exemple. Nous nions que le spectacle des supplices produise l'effet qu'on en attend. Loin d'édifier le peuple, il le démoralise, et ruine en lui toute sensibilité, partant toute vertu. Les preuves abondent, et encombreraient notre raisonnement si nous voulions en citer. Nous signalerons pourtant un fait entre mille, parce qu'il est le plus récent. Au moment où nous écrivons, il n'a que dix jours de date. Il est du 5 mars, dernier jour du carnaval. À Saint-Pol, immédiatement après l'exécution d'un incendiaire nommé Louis Camus, une troupe de masques est venue danser autour de l'échafaud encore fumant. Faites donc des exemples ! le Mardi gras vous rit au nez.

Victor Hugo, Préface pour Le Dernier Jour d'un condamné, 1832.

VOLTAIRE, CANDIDE, 1759

Candide, chassé du château du baron de Thunder-ter-tronckh où il a passé son enfance, éduqué par le philosophe Pangloss, son précepteur, est condamné à errer au gré des événements à la surface du globe et à découvrir la misère de la condition humaine. Voltaire s'en prend, dans ce conte philosophique, à la théorie de l'optimisme. Après avoir évoqué la catastrophe naturelle du tremblement de terre de Lisbonne, capitale du Portugal, qui fit en 1755 des dizaines de milliers de victimes, il montre comment la bêtise humaine met à mort des victimes innocentes. Le tribunal religieux de l'Inquisition est ici visé, mais plus généralement toutes les formes de justice expéditive.

Comment on fit un bel auto-da-fé[1] pour empêcher les tremblements de terre, et comment Candide fut fessé

Après le tremblement de terre qui avait détruit les trois quarts de Lisbonne, les sages du pays n'avaient pas trouvé un moyen plus efficace pour prévenir une ruine totale que de donner au peuple un bel auto-da-fé ; il était décidé par l'université de Coïmbre[2] que le spectacle de quelques personnes brûlées à petit feu, en grande cérémonie, est un secret infaillible pour empêcher la terre de trembler.

On avait en conséquence saisi un Biscayen[3] convaincu d'avoir épousé sa commère[4], et deux Portugais qui en mangeant un poulet en avaient arraché le lard[5] : on vint lier après le dîner le docteur Pangloss et son disciple Candide, l'un pour avoir parlé, et l'autre pour avoir écouté avec un air d'approbation : tous deux furent menés séparément dans des appartements d'une extrême fraîcheur, dans lesquels on n'était jamais incommodé du soleil ; huit jours après, ils furent tous deux revêtus d'un san-benito[6], et on orna leurs têtes de mitres[7] de papier : la mitre et le san-benito de Candide étaient peints de flammes renversées et de diables qui n'avaient ni queues ni griffes ; mais les diables de Pangloss portaient griffes et queues, et les flammes étaient droites. Ils marchèrent en procession ainsi vêtus, et entendirent un sermon très pathétique, suivi d'une belle musique en faux-bourdon[8]. Candide fut fessé[9] en cadence, pendant qu'on chantait ; le Biscayen et les deux hommes qui n'avaient point voulu

notes

1. **auto-da-fé :** autodafé ; à la fois proclamation d'un jugement prononcé par l'Inquisition et son exécution (souvent par le feu).
2. **Coïmbre :** ville au nord de Lisbonne réputée pour son université.
3. **Biscayen :** originaire du Nord de la péninsule Ibérique.

4. **commère :** marraine d'un enfant dont le Biscayen est lui-même parrain. Le parrain et la marraine d'un enfant ne pouvaient se marier sans demander une autorisation spéciale à l'Église.
5. **arraché le lard :** signe d'appartenance à la religion juive qui interdit la consommation du porc (lard).

6. **san-benito :** vêtement rituel porté par les victimes de l'Inquisition.
7. **mitres :** coiffures pointues (portées par les évêques).
8. **faux-bourdon :** accords accompagnant le chant grégorien.
9. **fessé :** invention de Voltaire à la place de « fouetté ».

manger de lard furent brûlés, et Pangloss fut pendu, quoique
ce ne soit pas la coutume. Le même jour, la terre trembla
de nouveau avec un fracas épouvantable.

Voltaire, *Candide ou l'Optimisme*, chapitre VI, 1759.

ALBERT CAMUS, L'ÉTRANGER (1942)

**Meursault est jugé pour un meurtre qu'il a commis dans
un contexte de légitime défense. Il sera condamné à mort
officiellement pour ce meurtre mais en réalité pour son
comportement différent des autres. En effet, il semble traverser
le monde, en conservant une indifférence qui fait croire qu'il est
insensible. C'est en ce sens qu'il est l'« Étranger ».**

J'étais un peu étourdi aussi par tout ce monde dans cette salle
close. J'ai regardé encore le prétoire et je n'ai distingué aucun
visage. Je crois bien que d'abord je ne m'étais pas rendu compte
que tout le monde se pressait pour me voir. D'habitude, les gens
ne s'occupaient pas de ma personne. Il m'a fallu un effort pour
comprendre que j'étais la cause de toute cette agitation. J'ai dit
au gendarme : « Que de monde ! » Il m'a répondu que c'était
à cause des journaux et il m'a montré un groupe qui se tenait près
d'une table sous le banc des jurés. Il m'a dit : « Les voilà. » J'ai
demandé : « Qui ? » et il a répété : « Les journaux. » Il connaissait
l'un des journalistes qui l'a vu à ce moment et qui s'est dirigé vers
nous. C'était un homme déjà âgé, sympathique, avec un visage
un peu grimaçant. Il a serré la main du gendarme avec beaucoup
de chaleur. J'ai remarqué à ce moment que tout le monde
se rencontrait, s'interpellait et conversait, comme dans un club
où l'on est heureux de se retrouver entre gens du même monde.
Je me suis expliqué aussi la bizarre impression que j'avais d'être
de trop, un peu comme un intrus. Pourtant, le journaliste s'est
adressé à moi en souriant. Il m'a dit qu'il espérait que tout irait
bien pour moi. Je l'ai remercié et il a ajouté : « Vous savez, nous
avons monté un peu votre affaire. L'été, c'est la saison creuse pour
les journaux. Et il n'y avait que votre histoire et celle du parricide
qui vaillent quelque chose. » Il m'a montré ensuite, dans le groupe

qu'il venait de quitter, un petit bonhomme qui ressemblait à une belette engraissée, avec d'énormes lunettes cerclées de noir. Il m'a dit que c'était l'envoyé spécial d'un journal de Paris : « Il n'est pas venu pour vous, d'ailleurs. Mais comme il est chargé de rendre compte du procès du parricide, on lui a demandé de câbler votre affaire en même temps. » Là encore, j'ai failli le remercier. Mais j'ai pensé que ce serait ridicule. Il m'a fait un petit signe cordial de la main et nous a quittés. Nous avons encore attendu quelques minutes.

Albert Camus, L'Étranger, © Éditions Gallimard, 1942.

Jean-Loup Dabadie, *L'Assassin assassiné* (chanson écrite pour Julien Clerc), 1980

Durant les années qui précédèrent l'abolition de la peine de mort en France (1981), nombreux furent ceux qui prirent partie pour ou contre le châtiment capital. La chanson écrite par Jean-Loup Dabadie se range du côté des abolitionnistes.

L'Assassin assassiné
C'était un jour à la maison
Je voulais faire une chanson
D'amour peut-être
À côté de la fenêtre
Quelqu'un que j'aime et qui m'aimait
Lisait un livre de Giono
Et moi penché sur mon piano
Comme sur un établi magique
J'essayais d'ajuster les mots
À ma musique...

Le matin même, à la Santé
Un homme... un homme avait été
Exécuté...
Et nous étions si tranquilles
Là, au cœur battant de la ville
C'était une fin d'après-midi

IL NE FAUT PAS CONFONDRE PÂLE CAPITAINE ET PEINE CAPITALE.

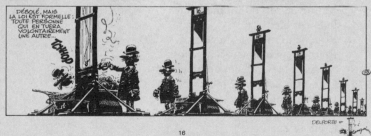

16

**Bande dessinée de Franquin
extraite de *Idées noires*, tome I,
© Franquin/Fluide glacial.**

À l'heure où les ombres fidèles
Sortant peu à peu de chez elles
Composent doucement la nuit
Comme aujourd'hui...

Ils sont venus à pas de loup
Ils lui ont dit d'un ton doux
C'est le jour... C'est l'heure
Ils les a regardés sans couleur
Il était à moitié nu
Voulez-vous écrire une lettre
Il a dit oui... il n'a pas pu
Il a pris une cigarette...

Sur mon travail tombait le soir
Mais les mots restaient dans le noir
Qu'on me pardonne
Mais on ne peut certains jours
Écrire des chansons d'amour
Alors j'ai fermé mon piano
Paroles et musique de personne
Et j'ai pensé à ce salaud
Au sang lavé sur le pavé
Par ses bourreaux

Je ne suis président de rien
Moi je ne suis qu'un musicien
Je le sais bien...
Et je ne prends pas de pose
Pour dire seulement cette chose
Messieurs les assassins commencent
Oui, mais la Société recommence
Le sang d'un condamné à mort
C'est du sang d'homme, c'en est encore
C'en est encore...

Chacun son tour, ça n'est pas drôle
On lui donne deux trois paroles
Et un peu... d'alcool...

On lui parle, on l'attache, on le cache
Dans la cour un grand dais noir
Protège sa mort des regards
Et puis ensuite... ça va très vite
Le temps que l'on vous décapite

Si je demande qu'on me permette
À la place d'une chanson
D'amour peut-être
De vous chanter un silence
C'est que ce souvenir me hante
Lorsque le couteau est tombé
Le crime a changé de côté
Ci-gît ce soir dans ma mémoire
Un assassin assassiné
Assassiné...

© Jean-Loup Dabadie (chanson écrite pour Julien Clerc), 1980,
extrait de *La Peine de mort*, © Flammarion, G.F., 2006.

Robert Badinter, discours prononcé devant l'Assemblée nationale le 17 septembre 1981

Robert Badinter a été l'avocat de grands criminels ; il devient Garde des Sceaux (c'est-à-dire ministre de la Justice) en 1981 et fait voter le 30 septembre 1981, à 363 voix contre 117, l'abolition de la peine de mort. Dans l'extrait suivant, il défend son projet devant l'Assemblée nationale.

Ceux qui veulent une justice qui tue, ceux-là sont animés par une double conviction : qu'il existe des hommes totalement coupables, c'est-à-dire des hommes totalement responsables de leurs actes, et qu'il peut y avoir une justice sûre de son infaillibilité[1]

note

1. infaillibilité : capacité à ne jamais se tromper.

au point de dire que celui-là peut vivre et que celui-là doit mourir.

À cet âge de ma vie, l'une et l'autre affirmations me paraissent également erronées. Aussi terribles, aussi odieux que soient leurs actes, il n'est point d'hommes en cette terre dont la culpabilité soit totale et dont il faille pour toujours désespérer totalement. Aussi prudente que soit la justice, aussi mesurés et angoissés que soient les femmes et les hommes qui jugent, la justice demeure humaine, donc faillible[1]. Et je ne parle pas seulement de l'erreur judiciaire absolue, quand, après une exécution, il se révèle, comme cela peut encore arriver, que le condamné à mort était innocent et qu'une société entière – c'est-à-dire nous tous – au nom de laquelle le verdict a été rendu, devient ainsi collectivement coupable puisque sa justice rend possible l'injustice suprême. Je parle aussi de l'incertitude et de la contradiction des décisions rendues qui font que les mêmes accusés, condamnés à mort une première fois, dont la condamnation est cassée pour vice de forme[2], sont de nouveau jugés et, bien qu'il s'agisse des mêmes faits, échappent, cette fois-ci, à la mort, comme si, en justice, la vie d'un homme se jouait au hasard d'une erreur de plume d'un greffier[3]. Ou bien tels condamnés, pour des crimes moindres, seront exécutés, alors que d'autres, plus coupables, sauveront leur tête à la faveur de la passion de l'audience[4], du climat ou de l'emportement de tel ou tel.

Cette sorte de loterie judiciaire, quelle que soit la peine qu'on éprouve à prononcer ce mot quand il y va de la vie d'une femme ou d'un homme, est intolérable. [...]

Le choix qui s'offre à vos consciences est donc clair : ou notre société refuse une justice qui tue et accepte d'assumer, au nom de ses valeurs fondamentales – celles qui l'ont faite grande et respectée entre toutes – la vie de ceux qui font horreur,

notes

1. **faillible :** susceptible de se tromper.
2. **cassée pour vice de forme :** annulée en raison d'une erreur dans la procédure elle-même.
3. **greffier :** personne chargée de rédiger les actes judiciaires.
4. **audience :** séance du tribunal.

déments ou criminels ou les deux à la fois, et c'est le choix de l'abolition ; ou cette société croit, en dépit de l'expérience des siècles, faire disparaître le crime avec le criminel, et c'est l'élimination.

Cette justice d'élimination, cette justice d'angoisse et de mort, décidée avec sa marge de hasard, nous la refusons. Nous la refusons parce qu'elle est pour nous l'anti-justice, parce qu'elle est la passion et la peur triomphant de la raison et de l'humanité.

Robert Badinter, discours prononcé
devant l'Assemblée nationale le 17 septembre 1981.

Bibliographie, filmographie

ŒUVRES DE VICTOR HUGO ABORDANT LES MÊMES QUESTIONS

– *Le Dernier Jour d'un condamné,* coll. « Bibliolycée »,
n° 31, Hachette Livre, 2005.
– *Les Misérables* (extraits), coll. « Bibliocollège »,
n° 35, Hachette Livre, 2001.
– *Combats politiques et humanitaires* (recueil de textes
de Victor Hugo), coll. « Pocket. Classiques »,
n° 6254, Pocket, 2002.
– *Écrits sur la peine de mort* (recueil de textes de Victor
Hugo), coll. « Babel », n° 58, Actes Sud, 2002.

SUR VICTOR HUGO

– Albine Novarino et Béatrice Mandopoulos, *Victor
Hugo : un écrivain dans son siècle,*
coll. « Les essentiels Milan », n° 217, Milan, 2002.
– *Victor Hugo par lui-même,* Seuil, 1978.

SUR LA PEINE DE MORT

– Alexandre Dumas, *Les Mille et Un Fantômes,*
coll. Bibliolycée, n° 32, Hachette Livre, 2005.
– *La Peine de mort : de Voltaire à Badinter,*
coll. « GF. Étonnants Classiques », n° 2122, Flammarion,
2001.
– Albert Camus, « Réflexions sur la guillotine », in : *Essais,*
Gallimard, 1957.

SUR LA MISÈRE AU XIXᵉ SIÈCLE

– Michel Nathan, *Anthologie du roman populaire : 1836-1918*, 10-18, 1985.
– On pourra lire aussi les romans naturalistes d'Émile Zola tels que *Germinal, La Curée* ou *L'Assommoir*.

QUELQUES FILMS SUR LE THÈME DE LA JUSTICE ET DE LA PEINE CAPITALE

– *Marie-Antoinette reine de France* de Jean Delannoy, France, 1956.
– *Douze hommes en colère* de Sidney Lumet, États-Unis, 1957.
– *Sacco et Vanzetti* de Giuliano Montaldo, Italie, 1971.
– *Deux hommes dans la ville* de José Giovanni, France, 1973.
– *La Mort de Marie-Antoinette*, film télévisé de Stellio Lorenzi, dans le cadre de l'émission d'Alain Decaux « La caméra explore le temps » (existe en DVD).ps;5

Achevé d Imprimé en Italie par Rotolito Lombarda
Dépôt légal : Mars 2011 - Collection n° 63 - Edition n°06
16/9485/0